PRÉSENCES ITALIENNES
DANS LES *ESSAIS*
DE MONTAIGNE

Dans la même collection:

Études montaignistes

X

Marcel TÉTEL

PRÉSENCES ITALIENNES DANS LES *ESSAIS* DE MONTAIGNE

Librairie Honoré Champion

7, quai Malaquais
PARIS
1992

Illustration de la couverture:
Le massacre du Triumvirat en 1566 par Antoine Garon — Musée du Louvre.
Photo Giraudon

© 1992. Editions Champion, Paris
Reproduction et traduction, même partielles, interdites.
Tous droits réservés pour tous les pays.
ISBN 2-85203-235-X   ISSN 0986-492-X

I

INTERTEXTES ITALIENS
ET
DIALOGUE PÉRIGOURDIN

1000 758325

INTRODUCTION

Il n'est pas étonnant qu'un *textophage* tel que Montaigne, lui-même paradigme européen de son époque et de la Renaissance française, se soit à son tour imprégné de la culture et de la Renaissance italiennes. Comme tout Humaniste, l'essayiste est un greffeur avéré dont la pensée et l'écriture se traduisent par l'enchaînement, l'imbrication, et l'entrelacement de bribes de textes lus ou recueillis. Etant donné cette constante du processus de l'écriture de la Renaissance, il est donc important de tracer et de poursuivre à travers les *Essais* ces sinuosités inter/intratextuelles et de se pencher attentivement sur les choix d'auteurs italiens que l'essayiste privilégie, car ces résidus textuels quintessentiels, sous forme de brèves et très éparses citations ou allusions, figurent en fait des emblèmes dont il faut reconstituer la plénitude sémantique dans le creuset de la Renaissance.

Un dialogue, sinon une symbiose, s'instaure par conséquent entre le choix que le dire exhibe et l'inévitable présence et miroitement du non-dit que l'intertexte force subrepticement. Or, il est incontestable que si chacun de ces choix s'inscrit dans le panorama du XVIe siècle, il reflète également une obsession, des chimères, une représentation d'autorité, un modèle d'écriture, contre lesquels l'essayiste se débat et avec lesquels il est aux prises. En outre, l'apport cisalpin est lié au voyage, à la fois métaphore des *Essais* et déplacement topographique dans le temps et l'espace. Dans ce domaine, le *Journal du voyage en Italie* teste le voyageur périgourdin et le lecteur moderne puisque de nouveau cet ouvrage signifie par le biais du choix des situations ou objets observés et par la démarche de l'objectif tantôt sautillant tantôt s'arrêtant longuement sur un détail, un lieu, une rencontre. En fin de compte, l'Humanisme italien (amalgame de l'Antiquité et du Moyen Age) dans les *Essais* et le *Journal* se révèle en tant que dialogue avec une culture convoitée, mise en question, que l'on s'approprie finalement incorporée, et ensuite incarnée dans un nouvel habit voilant un nationalisme politique et culturel à la recherche de son identité.

Puisque le nombre de citations ou d'allégations à des auteurs italiens est assez limité, celles-ci acquièrent un statut privilégié. Non seulement Montaigne se cherche dans ces textes, mais, pour la plupart, ces choix mêmes s'avèrent déjà *a priori* des esprits fraternels où il retrouve ce qui correspond à ses propres préoccupations, en somme, ce qu'il veut trouver. Par conséquent, les intertextes italiens servent à reconstituer l'Arioste, le Castiglione ou le Tasse particuliers à Montaigne, et non pas nécessairement ceux d'autres lecteurs ou critiques, et dans chaque instance, la présence et l'emploi d'un auteur italien figure un microcosme de significations fondamentales des *Essais*. Aussi l'essayiste découpe-t-il et refond-il ses lectures pour en refaire une marqueterie toute sienne.

Dans le cas de Stefano Guazzo, auteur de la *Civil conversatione*, on s'attend bien à ce qu'il se trouve dans "L'art de conferer" (III : viii) ou se situent en effet les propos sur le dialogue et le dialogisme. Le dialogue et la conversation multivoque sont évidemment parmi les moyens de discourir les plus recherchés des Humanistes à la recherche d'une issue syncrétique. Il est révélateur ici que la seule allusion au confrère italien est oblique bien que l'essayiste traduise et insère plusieurs passages de la *Civil conversatione*, mais sans citer le texte italien directement — autre façon, très répandue à la Renaissance, de s'approprier un texte. En outre, cet ouvrage fournit également à l'essayiste trois citations d'auteurs (Properce, Dante, Pétrarque) dispersées à travers d'autres essais. Art de conférer, de converser, d'écrire.

Puisque l'ombre (ou est-ce la lumière ?) de Pétrarque plane et pèse sur les textes de la Renaissance, les *Essais* ne sauraient s'y soustraire. Montaigne s'approprie Pétrarque d'une manière toute particulière, sinon paradoxale à la surface tout du moins, car il ne cite et à plusieurs reprises, que des textes du *Canzoniere*, mais dans des contextes qui se rapportent plus directement, en apparence, aux oeuvres latines du poète. En effet, les textes poétiques cités du discours amoureux se situent dans des contextes épistémologiques et ontologiques tels que la solitude (cf. *De vita solitaria*), le savoir illusoire et allusif (cf. *De sui ipsius et multorum ignorantia liber*), l'angoisse et l'*acedia* (cf. *De otio religioso*), le dialogue avec le moi (cf. *Secretum*), la fortune (cf. *De remediis utriusque fortunae*). Donc, Montaigne lit et réécrit les sonnets par le biais des écrits humanistes du poète toscan, car il ne veut aucunement qu'on le mêle aux "fantastiques elevations Espagnoles et Petrarchistes" (I : x, 412)[1]. Néanmoins, il faut noter que le *Canzoniere* renaît en France au XVIe siècle, après une absence de près de deux siècles au cours desquels dominaient essentiellement les oeuvres latines. Or, de sa part Montaigne n'hésite pas à être à la page — mais à sa façon.

Les deux références, dans les *Essais,* au *Cortegiano* de Castiglione servent d'emblèmes textuels à partir desquels se dissémine toute une problématique de l'Humanisme. Pour l'essayiste, le *Cortegiano* devient en fait une féconde pierre de touche qui nourrit son propre texte, et pour le lecteur des *Essais* une cornucopie d'intertextes. Pour commencer, le *Cortegiano* prouve le statut central de l'art de conférer, de la conversation et du dialogue plurivoque ; il préconise la recherche d'un équilibre intérieur et la préexcellence de la *sprezzatura* / nonchalance apparente dans le comportement quotidien et envers l'art de l'écriture ; il privilégie le rire, le jeu, les reflets de miroirs sémantiques, l'abîme séparant les mots des choses, ce qui fait éclater toute clôture de significations. Par ailleurs, la recherche de la perfection et de l'harmonie se rapporte évidemment au banquet socratique ; aussi le courtisan idéal côtoie-t-il l'honnête homme de Montaigne. Toujours est-il qu'une différence explicite essentielle entre le *Cortegiano* et les *Essais* se réalise par son absence : les devisants d'Urbino se penchent longuement (les livres III et IV) sur le discours amoureux et sur la représentation d'une courtisane idéale ; sauf dans "De l'amitié" (I : xxviii) et "Sur des vers de Virgile" (III : v) — exceptions, il va sans dire, des plus cruciales — les *Essais* assument, pour la plupart, surtout un visage masculin.

A partir du XVIe siècle, tout lecteur de Machiavel doit faire face à une problématique d'interprétation se rapportant essentiellement au *Prince*

---

[1] Les citations des *Essais* de Montaigne sont faites d'après les *Œuvres complètes*, éds. Albert Thibaudet et Maurice Rat. Bibliothèque de la Pléiade. (Paris: Gallimard, 1965).

et qui s'axe sur Machiavel/Machiavélisme. Pourquoi Machiavel a-t-il composé cet ouvrage et comment l'a-t-on interprété et détourné de sa signification originelle? Montaigne n'a pu échapper à ce dilemme puisqu'il a lui-même participé à la vie politique de son époque et observé par conséquent l'inévitable et parfois nécessaire Machiavélisme dans la pratique quotidienne. Dans ce domaine, l'essayiste dialogue donc avec l'illustre théoricien florentin. L'exemplarité que prône le Florentin s'appuie sur la *virtù* : l'exercice de la volonté, le combat contre la fortune, la force pour réaliser la soumission d'autrui. Celle sur laquelle insiste le Périgourdin est moins héroïque et propose une *vertu* bien plus polysémique réunissant une éthique circonstantielle, une agilité vis-à-vis de la fortune, une affirmation de la *dignitas hominis*. C'est plutôt dans les *Discorsi sulla prima decade di Tito Livio* que l'essayiste et l'historien florentin se retrouvent plus harmonieusement, car dans cet ouvrage dominent "le divers et l'ondoyant" de l'homme ; il n'est sans doute pas fortuit que la première traduction italienne en 1590 des *Essais* porte le titre de *Discorsi morali e politici* (voir *infra* p. 77). En effet, dans les *Essais* comme dans les *Discorsi* du Florentin, le regard sur l'histoire est une méditation traçant les contours de l'expérience et la nature humaines. En fin de compte, parce que Montaigne et Machiavel n'ont jamais pu arrêter court, dans le vécu ou dans l'imaginaire, la symbiose de la méditation et de l'action, ils se sont vus obligés de poursuivre l'enregistrement de cette dynamique.

Si Montaigne à la fois embrasse et repousse Machiavel, il prend plutôt ses distances par rapport à Guichardin, auteur de la *Storia d'Italia* et concurrent du chancelier florentin. Non seulement l'essayiste porte un jugement apparemment négatif sur Guichardin, d'où se dégage d'ailleurs une ironie sournoise, mais la manière dont il bricole les histoires et l'histoire de la *Storia d'Italia*, dans certains de ses essais des deux premiers livres, témoigne d'une appropriation textuelle assez évidente et surtout d'une politique prudente. En effet, des traductions partielles de cet ouvrage, en français et en latin, servaient du temps de Montaigne et de Catherine de Médicis de libelles protestants contre la reine mère et la Ligue. Evidemment la politique du Périgourdin consiste et consistera à préserver une concorde nationale par le maintien des Valois ou des Navarre sur le trône de France. Tel qu'il se manifeste dans les *Essais*, tout comme le Tasse, l'Arioste se situe dans le double contexte interdépendant du désir et de l'écriture. Que ce soit dans le choix que postule l'essayiste entre Bradamante et Angélique, où s'inscrit également une question générique, ou bien dans le discours amitié/amour dominé par la fidélité, l'issue souhaitée du désir une fois contextualisé reste interrompue ou suspendue. Il en résulte une recherche de l'enchantement et de l'auto-déception par le biais d'exploits. Et lorsque les citations de l'Arioste sont d'abord contextualisées dans leur proximité textuelle de l'essai où elles se trouvent et ensuite dans le locus du *Roland furieux* d'où elles proviennent, le champ sémantique s'élargit sensiblement, et cette interférence de registres contextuels les métaphorise dramatiquement. Or, tout à coup ces citations pénètrent dans le coeur même du processus de l'écriture, surtout l'une d'elles, longue de tout un huitain, qui figure Discorde à la recherche du Silence. Le désordre, la confusion, la marqueterie, le décousu recouvrent tout simplement un ordre insolite, un nouvel ordre, une autre structure et veulent ainsi marquer l'échec du passé — ou bien encore représenter le chaos et l'angoisse du présent. Le *Roland furieux* et les *Essais* se rejoignent donc : heureuse rencontre de deux grands farceurs!

Le *fulcrum* tassien dans les *Essais* se trouve dans l'"Apologie de Raymond Sebond" (II : xii, 471-72 AB) où Montaigne imagine une visite qu'il aurait faite à l'auteur de la *Jérusalem délivrée* devenu fou et enfermé dans un donjon à Ferrare. Aussi s'agit-il d'une sorte de mise en abyme figurant la puissance et les limites de l'imagination et de la création poétique. Ces prémisses sont à leur tour contextualisées dans le domaine de l'activité sexuelle dont la puissance est proportionnelle à l'impuissance de l'imagination. Il en résulte l'axiome textualité/sexualité, c'est-à-dire que la création poétique ou artistique déplace et remplace l'activité sexuelle, et paradoxalement cette dernière fournit ainsi une pulsion à l'imagination et à l'écriture. Or, c'est dans ce réseau sémantique de contrariété et contiguïté, de raison/déraison, réalité/représentation, désir/imagination, savoir/folie, érotisme/création poétique, renommée/déchéance, dire/silence, mots/signes que se retrouvent et se rejoignent dans les *Essais* les fréquentes citations tassiennes. On dirait que l'étreinte entre Montaigne et le Tasse est davantage ressentie et viscérale que celle dont il embrasse ses autres confrères italiens, et qu'elle se rapproche peut-être, de celle qui le reliait, en esprit, à La Boétie.

Le dialogue entre Montaigne et le Tasse continue, mais cette fois-ci par le biais d'un intertexte sur le voyage, la relation d'un voyage du Ferrarais en France sous forme d'une épître à un de ses mécènes : *Paragone dell'Italia alla Francia.* Ce texte allégué dans "Des boyteux" (III : viii) établit une comparaison qui penche très sensiblement en faveur de l'Italie. Par ailleurs, cette allégation, pour appuyer — momentanément — la minceur des jambes des Français, devient en fait emblématique, car sa présence singulière révèle combien l'essai en question est imprégné de l'intertexte tassien. Un des filons majeurs de "Des boyteux", se centrant sur la nature boiteuse, les limites de la raison et le pouvoir de l'imagination, se retrouve dans le *Paragone* où le Tasse joue sur raison/raison [cause], sur imagination/vérité et articule le rapport fortune/art/nature, tout comme le fait Montaigne dans l'essai. De plus, le texte tassien se réfère à *La République* de Platon pour privilégier l'analogie : site escarpé/montagne/vertu (i.e. la péninsule italique), pour établir le lien entre topographie et vertu et pour différencier le bon, du mauvais philosophe. Or, la référence à Platon renforce chez Montaigne l'apport de l'intertexte tassien et en révèle ses pressantes réverbérations dans l'essai. Enfin, l'articulation de l'analogie topographie/philosophie, bien que topos de la Renaissance, s'avère des plus utiles dans le contexte du voyage, car elle peut également se transmettre à une lecture du *Journal de voyage en Italie.*

Ce dernier intertexte tassien ne laisse plus aucun doute que le voyage et l'essai s'amalgament, comme le voyageur en Italie et l'essayiste ne font qu'un. Lire le *Journal de voyage* exige, entre autres, qu'on analyse ce qui s'y trouve sans blâmer Montaigne de ne pas apprécier ce qui ne s'y trouve pas ou plutôt ce qu'il a choisi de ne pas inscrire. Aussi d'une certaine étude intertextuelle des *Essais* et du *Journal* se dégage-t-il une esthétique commune à ces deux ouvrages. Dans le *Journal*, par exemple, le voyageur note expressément les engins, les fontaines et les jeux d'eau, les grottes, les places et les amphithéâtres, et parmi les ruines : les colonnes, des obélisques consacrés à des personnages et les inscriptions sur ces vestiges monumentaux. Evidemment, ce genre d'attention aux ruines trouve son analogue dans les citations parsemées dans les *Essais*, bribes et résidus entourés de grotesques sur lesquels se braque ici l'éclairage de l'essayiste pour imaginer et reconstruire le passé — à sa façon. Quant aux autres objets ou sites observés et indiqués ci-dessus, ils se rapportent au discours art/nature, au concept du beau, qui jalonne tous les *Essais*, et côtoie le grotesque, l'amorphe — tels les essais — aux yeux du profane.

Le voyage, qu'il se situe dans l'espace topographique ou scriptural, se fait à la recherche du Moi, de l'auto-connaissance, d'une sérénité intérieure, d'une assiette. C'est d'ailleurs dans ce contexte que la topographie rejoint l'ontologie et la philosophie, car le voyageur du *Journal* s'émerveille constamment de l'assiette des sites qu'il observe. Dans les *Essais*, l'assiette du moment s'avère éphémère et dépend du mouvement, du déplacement dans le temps et l'espace, d'un essai à un autre et surtout de l'agilité de l'essayiste. Le *Journal* et les *Essais* se différencient par leur littéralité et non pas essentiellement par les significations que leur auteur ou le lecteur leur confèrent. Il va sans dire, néanmoins, que l'Humanisme italien est à portée de main dans le *Journal* et l'imprègne incessamment.

Le parcours qui suit à travers les citations et les intertextes "européanise" Montaigne, car les auteurs qu'il interpelle et les sites auxquels il se rend sont ceux que l'Europe occidentale de son temps assimile. L'essayiste s'inscrit ainsi dans un Humanisme européen qui défie en même temps un nationalisme naissant. Or, si les Humanistes européens continuent à s'abreuver abondamment aux sources italiques (gréco-romaines et italiennes), Montaigne, lui, en ce qui concerne l'Humanisme italien, s'y adonne.

I

STEFANO GUAZZO

DE DEUX CONVERSATIONS

Les citations dans les *Essais* et certaines allusions obliques à des contemporains sont autant d'emblèmes verbaux qu'il faut situer dans leur contexte, tel un camée entouré de *grotesques*. Et en analysant ce rapport entre texte et contexte, le rapport entre les citations d'un même auteur, puis entre leur contexte montaigniste et celui d'où est tirée la citation ou l'allusion, on découvre un réseau sémantique qui démontre une cohésion référentielle vis-à-vis de l'auteur allégué. Pour ce qui est de Montaigne et Stefano Guazzo, les citations tirées de la *Civil Conversatione* et les allusions à son auteur se centrent sur un discours qualitatif entre le dialogue avec autrui, la conversation, et le dialogue avec soi-même, la solitude, c'est-à-dire dans un sens figuré entre langage parlé avec autrui — dont les lectures qu'on en fait — et, d'autre part, l'écriture.

La spécificité de la seule allusion à Guazzo dans "De l'art de conferer" ("De nostre temps, les Italiens en retiennent quelques vestiges ..." [III : viii, 900B]) ne sert que d'amorce à un lien bien plus ample et étroit entre cet essai et la signification globale de la *Civil conversatione*. Quant aux trois citations tirées de cet ouvrage et toutes ajoutées aux essais dans l'édition de 1582[1], il n'est sans doute pas fortuit qu'elles ne se réfèrent pas au texte même de Guazzo mais à des textes poétiques (Properce, Dante, Pétrarque) que Guazzo cite lui-même. Il se produit donc une double intertextualité, une double *conference*, une

---

[1] Cf. *Essais de Michel de Montaigne*. Texte original de 1580 avec les variantes des éditions de 1582 et 1587, éd. R. Dezeimeris & H. Barckhausen. 2 vol. (Paris: Auguste Aubry, 1873), I: xvii, 46; xvi, 106; II: 17, 232; et Pierre Villey, *Les sources & l'évolution des Essais de Montaigne*, vol. I (Paris: Hachette, 1908), p. 140.

double conversation ; en d'autres termes, la présence dans un essai d'un texte tiré de la *Civil conversatione* déclenche non seulement un dialogue entre Montaigne et Guazzo mais aussi un dialogue entre le contexte montaigniste et le contexte originel chez Properce, Dante et Pétrarque. On peut alors se demander, étant donné les contextes respectifs, si Montaigne a également lu les textes d'origine après avoir été attiré par leur présence chez Guazzo. Or, l'astuce de Montaigne essayiste et humaniste est d'étaler et d'expliciter citations et allégations pour échafauder sa pensée, et par contre de passer sous silence et voiler sagacement certaines parties de ses lectures[1]. Montaigne invite-t-il ainsi le lecteur à refaire les lectures de l'essayiste ?

Si la seule fois que Guazzo même est allégué dans les *Essais* se trouve dans "L'art de conferer", c'est parce que cet essai, et bien d'autres d'ailleurs, et la *Civil conversatione* se centrent sur le rapport entre lecture et écriture, ou plutôt réécriture. Finalement le texte qui s'écrit, le livre des *Essais* ou du Moi de Montaigne tout comme le dialogue dominant entre solitude et conversation chez Guazzo, l'emporte sur les livres des autres, selon ces deux auteurs, même s'il ne pouvait se faire sans les lectures d'autres ouvrages. *Conferer*, comme *conversatione* acquiert donc une multivocité sémantique ; il signifie converser, savoir, juger, lire, écrire, autant qu'interpréter un texte. C'est précisément cette trajectoire sémantique que trace l'essai, et, de plus, le point de départ et la destination de cette démarche se retrouvent dans l'ouvrage italien. Evidemment le troisième interlocuteur textuel dans ce domaine dialogique entre lecture et écriture, entre conversation et solitude, entre les hommes et les livres, est "De trois commerces" (III : iii) qui avance déjà, sur l'avant-scène du troisième livre des *Essais*, ces questions et leur décerne une position privilégiée et cruciale puisque les deux essais précédents, "De l'utile et de l'honneste (i)," et "Du repentir" (ii), figurent de même

---

[1]   On a déjà remarqué cette tendance, par exemple, à l'égard de Montaigne et Commynes; cf. Jeanne Demers, "Montaigne lecteur de Commynes," *Seconda Miscellanea di studi e ricerche sul Quattrocento francese* (Chambéry-Turin: Centre d'Etudes Franco-Italien, 1981), p. 207.

comme des arguments liminaires et constituent avec le troisième essai l'antichambre globale de ce livre[1].

Pour Montaigne l'art de conférer, tout en restant au service du savoir, n'est pas l'art de convaincre mais celui de l'interprétation de texte. Cependant, l'ultime but épistémologique de la lecture, autre manifestation métaphorique de la conversation, pour lui et pour Guazzo, conserve toujours une certaine primauté :

> J'ayme et honore le sçavoir autant que ceux qui l'ont ; et, en son vray usage, c'est le plus noble et puissant acquest des hommes. (905B)

> Cosí non può il letterato assicurarsi del suo sapere, infin che non viene ad accorzzarsi con altri letterati, con i quali discorrendo, e disputando, si certifica del suo valore ; la onde mi pare assai manifesto, che 'l sapere comincia dal conversare, & finisce nel conversare. (19a)[2]

Mais Montaigne ne se limite pas à valoriser le fond, il privilégie également, et même plus, la forme, car elle sous-tend et surtout ordonne la pensée ; elle est donc pensée dans le sens qu'elle contribue à sa définition :

> (C) Le monde n'est qu'une escole d'inquisition.
> (B) Ce n'est pas à qui mettra dedans, mais à qui faira les plus belles courses. Autant peut faire le sot celuy qui dit vray, que celuy qui dict faux : car nous sommes sur la maniere, non sur la

[1] Cf. Vivian Thweatt, "L'art de conférer: Art des *Essais*, art de vivre," *Romanic Review*, 68 (1977), 103.

[2] Les citations de Guazzo sont tirées de *La civil conversatione del Signor Stefano Guazzo Gentilhuomo di Casale di Monferrato*. In Vinegia: Presso Altobello, Salicato, 1580. Il faut noter qu'en plus de nombreuses éditions italiennes parues entre 1574 et 1631, deux traductions françaises de cet ouvrage avaient été publiées simultanément en 1579 par Chappuys et Belleforest. Il faut également remarquer qu'aucune édition moderne n'existe de *La civil conversatione* ; celle de 1631 semble être la dernière en italien.

matiere du dire. Mon humeur est de regarder autant à la forme qu'à la substance ... (C) Et tous les jours m'amuse à lire en des autheurs sans soin de leur science, y cherchant leur façon, non leur subject. Tout ainsi que je poursuy la communication de quelque esprit fameux, non pour qu'il m'enseigne, mais pour que je le cognoisse.
(906)

Et ici la forme comprend, et signifie, dans une large mesure, la capacité de pouvoir dialoguer, communiquer, avec autrui afin de développer le jugement et d'aboutir à une auto-correction ; au moins la moitié de l'essai est consacrée à l'éloge de cette activité dialogique orale.

Ce qui doit attirer Montaigne à la *Civil conversatione* n'est pas seulement son simple caractère dialogique mais surtout sa démarche antithétique. En effet, cet ouvrage n'est qu'une longue conversation, un dialogue entre deux personnes : l'auteur lui-même, le Cavaliere Guazzo, qui argumente surtout pour la solitude, la vie contemplative, intellectuelle, de l'homme de lettres, et son ami médecin Annibale Magnocavalli qui se prononce en grande partie pour la vie active et grégaire, la conversation avec les autres et la vie parmi les hommes. Evidemment cette distinction entre le savoir et l'expérience, et entre l'imagination et la raison, se prête à une argumentation chiasmique bien exploitée rhétoriquement par Guazzo au moyen d'une réversibilité de la discussion, au besoin, de la part de ses deux interlocuteurs. Il va sans dire que ce dialogue entre deux opposés porte moins en fin de compte sur leur nature antithétique que sur leur nécessaire complémentarité, ce qui est aussi fondamental pour l'écriture des *Essais*, et à toute pensée Humaniste[1].

---

[1]   A la Renaissance, *La civil conversatione* a remporté un grand succès en Europe, surtout en Angleterre, ainsi que l'attestent les nombreuses traductions en anglais; on est surtout attiré par le côté *galateo* de cet ouvrage qui figure comme un manuel de gentilhomme; cf. John L. Lievsay, *Stefano Guazzo and the English Renaissance: 1575-1675* (Chapel Hill, North Carolina: University of North Carolina Press, 1961); et Daniel Javitch, "Rival Arts of Conduct in Elizabethan England: Guazzo's *Civile conversazione* and Castiglione's *Courtier*," *Yale Italian Studies*, 1 (1971), 178-98.

Un seul mot, *advertisement*, dans la phrase liminaire de l'essai résonne et synthétise les couches sémantiques de "L'art de conferer," notamment la valorisation dialogique et épistémologique du texte qui suit, son but correctif et didactique, ses distinctions antithétiques et leur complémentarité : "C'est en usage, de nostre justice, d'en condamner aucuns pour l'advertisement des autres" (899B). *Advertisement* peut vouloir dire : signification, information, intelligence, conseil, admonition, et dans le domaine juridique certainement connu de Montaigne le légiste et explicitement suggéré par "de nostre justice," c'est un terme qui se rapporte à des écrits quand "le différent est petit"[1] ou, au pluriel, les arguments présentés au juge par le demandeur et l'accusé[2]. L'importance capitale pour cet essai de *advertisement* et de ses dérivés sémantiques est attestée par le fait qu'il est employé ici six fois, sur vingt dans tous les *Essais* [3].

Le texte de "L'art de conferer" irradie, d'une certaine façon, à partir de l'allusion aux Italiens. Guazzo agit comme un référent embryonnaire, un point de départ, un catalyseur, sur lequel Montaigne brode et amplifie ses propres arguments. Ainsi une anecdote dans la *Civil conversatione* d'un gentilhomme ignorant, qui loue un texte que son oncle lui a laissé ne sachant même pas si c'est de la prose ou de la poésie (94a-b), est un des fondements dans l'essai de Montaigne qui déclenche le discours sur la sottise humaine et la problématique de la lecture et de l'interprétation d'un texte. Ce qui permet de considérer un rapport direct ici entre Montaigne et Guazzo est que l'anecdote chez Guazzo suit immédiatement la citation de Properce que Montaigne lui-même a reproduite dans "Un traict de quelques ambassadeurs" (I : xvii) et une des trois tirées de la *Civil conversatione*. Tout comme un autre exemple chez Guazzo de l'ignorance d'un homme du monde, qui cherche à se faire valoir parmi les hommes

---

[1]   Cf. Françoise Ragueau, *Glossaire du droit françois contenant l'explication des mots difficiles qui se trouvent dans les ordonnances de nos roys...* (Paris: J. et M. Guignard, 1704), p. 24.

[2]   Cf. Jean Nicot, *Thresor de la langue françoise tant ancienne que moderne* (Paris: Picard, 1960 [1ère éd. 1611]).

[3]   Voir Roy E. Leake, *Concordance des Essais de Montaigne* (Genève: Droz, 1981), p. 130.

de lettres[1], suit une citation de Pétrarque qui, elle, se retrouvera dans "De la praesumption" (II : xvii, 637) ; ici dans la *Civil conversatione*, il s'agit de distinguer encore une fois les mérites de la solitude vs. la conférence/conversation.

Le fait que Montaigne reprenne dans son essai cette thématique de l'*ignorance*, à la Guazzo, se remarque clairement par une fréquence frappante de vocables tels que *sot, sottise, bestise, fadese* dans un contexte se fondant d'abord sur la faiblesse du savoir pour aboutir à la sottise de la certitude et de l'obstination (cf. 917). Et soudainement par un renversement typiquement montaignien, ou platonico-socratique pourrait-on dire, une morosophie surgit : "(B)c'est qu'aus disputes et conferences tous les mots qui nous semblent bons ne doivent pas incontinent estre acceptez ... (C)J'oy journellement dire à des sots des mots non sots" (914, 915-16). En fait, Montaigne dialogue avec ses lectures et les commente, comme on l'a bien observé récemment[2], les interprète, et les réinterprète au besoin.

Montaigne dialogue avec ses lectures tout comme il invite le lecteur à dialoguer avec les *Essais*, c'est-à-dire à apprécier la forme flottante et antithétique pour y discerner une quintessence. Dialoguer — lire, écrire, ou tout simplement *conferer* — veut donc dire exercer un jugement critique ; en somme, lire est réécrire, et la question qui se pose est comment saisir la magie de l'invention :

> ...il se faut bien garder de faire tant de service à son maistre, qu'on l'empesche d'en   trouver la juste recompence. Je devois louer l'invention, non pas luy...Le sujet, selon qu'il est, peut faire trouver un homme sçavant et memorieux, mais pour juger en luy les parties plus siennes et plus dignes, la force et

---

[1]   "Nè vale il dire, che molti letterati riescono inetti, & caproni nel conversare, perchè questa loro inettitudine è considerata solamente dal volgo ... (17b). "C'est pourquoy on voit tant d'ineptes ames entre les sçavantes, et plus que d'autres..." (III: viii, 910 B).

[2]   Cf. Jean Céard, "Les transformations du genre du commentaire," *L'automne de la Renaissance: 1580-1630*, éds. Jean Lafond et André Stegmann (Paris: Vrin, 1981), p. 109.

beauté de son ame, il faut sçavoir ce qui est sien et ce qui ne l'est point, et en ce qui n'est pas sien combien on luy doibt en consideration du chois, disposition, ornement et langage qu'il y a fourny.

(918-19B)

Dans un essai qui retentit de la *Civil conversatione*, Montaigne se défend contre Guazzo dont il est tout de même l'imprégné et qui le fascine, car on ne peut pas, on ne doit pas choisir entre la solitude et la conversation. L'obsession du livre lu, et de sa signification, se métamorphose en la nécessité de bien se faire lire, et ce processus aboutit à l'angoisse de l'écriture : "Que vous escriray-je, messieurs, ou comment vous escriray-je, ou que ne vous escriray-je poinct en ce temps ?" (920-21B). C'est précisément ces questions autour de l'écriture qu'articule la forme dialogique et antithétique de la pensée, questions qui ne déplacent jamais de l'avant-scène la *Civil conversatione*.

A son tour, le dialogue ne mène pas à une destination, mais il se replie plutôt sur son sujet et sur le processus de l'exploration, et ce parcours valorise, d'une part, le livre dont il est la manifestation et, d'autre part, la vitalité multiple et les sens du texte au-delà des premières pulsions de son auteur; par conséquent, la conversation textuelle, qu'elle soit sous forme de dialogue chez Guazzo ou d'argumentation multivoque chez Montaigne, ne se situe pas principalement au service d'une épistémologie mais bien plus à l'appui d'une herméneutique annoncée ici à la fin de l'ouvrage en question :

Caval[iere]. Io non vi lascierò già del tutto in solitudine, perchè durante la mia assenza, verrano alcuna volta a ragionare con voi le mie lettere, le quali vi porteranno avanti il ritratto del cavalier Guazzo tutto vostro. Et mi prometto dalla cortesia vostra, che voi lo mirerete con occhio gratioso, & non sdegnerete nel medesimo modo di ragionare, & conversare meco.

(316 a)

Moy qui suis Roy de la matiere que je traicte, et qui n'en dois
conte à personne, ne m'en crois pourtant pas du tout ; je hasarde
souvent des boutades de mon esprit, desquelles je me deffie, (C)
et certaines finesses verbales, dequoy je secoue les oreilles ; (B)
mais je les laisse courir à l'avanture. (C) Je voys qu'on s'honore
de pareilles choses. Ce n'est pas à moy seul d'en juger. Je me
presente debout et couché, le devant et le derriere, à droite et à
gauche, et en tous mes naturels plis. (B) Les esprits, voire pareils
en force, ne sont pas toujours pareils en application et en goust.
        (922)

Si les deux textes se terminent, se replient sur le Moi qui, lui,
souligne ainsi l'univers homocentrique et exemplaire de l'Humanisme,
celui de Guazzo se dérobe toujours sous un masque courtois, *civile*,
envers son interlocuteur et son lecteur tout en l'invitant à l'interpréter, à
"ragionare et conversare meco," tandis que celui de Montaigne se pare
d'une virtualité multiforme et d'une distance, quelque peu coquette, entre
intention et résultat sémantique, tout en venant se poser sur la différence
avec les autres — avec ses modèles. L'essayiste s'évertue aux dépens de
ses lecteurs et s'abandonne à leur complaisance et intelligence afin de
primer sa propre *conference*.

En fait le dialogue entre Montaigne et Guazzo se précise bien plus
étroitement qu'à des rapprochements et aux trois citations de Dante,
Pétrarque et Properce, car une étude du texte autour de l'allusion à
Guazzo dans "De l'art de conferer" suggère une lecture attentive de
l'ouvrage italien effectuée selon le *topos* de l'abeille, si chère à la
Renaissance, qui vole de fleur à fleur pour faire le miel tout sien, et
employé par Montaigne lui-même (cf. I : xxvi, 150-51A). Il est à noter
d'abord que l'allusion à Guazzo, bien qu'elle soit expressément à lui,
reste consciemment imprécise pour voiler peut-être les indices de lecture
autour d'elle : "De nostre temps, les Italiens en [conférence] retiennent
quelques vestiges, à leur grand profict, comme il se voit par comparaison
de nos entendemens aux leurs" (900B). Or, la deuxième proposition de
cette phrase indique déjà un parti pris favorisant l'ouvrage italien, et

même un aveu de lecture. Le texte de Montaigne autour de cette allusion à Guazzo contient des fragments d'une page de la *Civil conversatione* si bien qu'il devient dans une certaine mesure une marqueterie du texte de Guazzo qui fournit ainsi la charpente à l'argumentation de l'essayiste :

Estant peu aprins par les bons exemples, je me sers des mauvais, desquels la leçon est ordinaire.

Mai serà degno di riso & di reprensione quel letterato, il quale essendo involto solamente negli studi, non riduce la sua dottrina alla vita commune.

si j'estois asture forcé de choisir, je consentirois plustot, ce crois-je, de perdre la veue que l'ouir ou le parler.

la prova ci dimostra, che meglio s'apprende la dottrina per orecchie che per gli occhi.

L'estude des livres, c'est un mouvement languissant et foible qui n'eschauffe poinct, là où la conference apprend et exerce en un coup.

l'animo del solitario diviene languido, & pigro non havendo chi lo stuzzichi col ricercare la sua dottrina...

Si je confere avec une ame forte et un roide jouteur, il me presse les flancs, me pique à gauche et à dextre ; ses imaginations eslancent les miennes... nostre esprit se fortifie par la communication des esprits vigoureux et reiglez...

chi è alquanto negligente, viene stimolato dalla concorrenza & come si reca a vergogna il cedere ad un uguale, così stima grande honore, il potere avanzare un superiore. Ma sopra tutte le altre cose hanno forza di risvegliare gli intelletti quelle virtù contese...

Ces rapprochements textuels sont d'autant plus caractéristiques qu'ils se trouvent, chez Montaigne, à la même page (900), et pour les trois derniers dans le paragraphe faisant allusion à Guazzo, et ils figurent aussi à la suite chez Guazzo (20a-b), et dans l'un et l'autre cas classées de la même manière.

En outre, la présence d'une citation de Guazzo, et insérée dans un essai, peut mener à se poser des questions sur le mode de lire et d'écrire de l'essayiste. Considérons encore, par exemple, dans ce domaine la citation de Properce ajoutée en 1582. Chez Montaigne elle apparaît dans "Un traict de quelques ambassadeurs" (I :xvii, 71) pour appuyer la notion qu'il faut s'adresser et se limiter à ceux qui sont experts dans leur métier — bien qu'on puisse, ajoute-t-il, profiter du conseil et des connaissances de non-experts. Le contexte est le même chez Guazzo qui fait précéder la citation pour la renforcer d'une sentence à l'allure proverbiale à l'intérieur d'une anecdote : "Altra cosa, o Re, è lo scettro, altro il plettro" (93b). Cette sentence légèrement remaniée à la française se retrouve ensuite dans "De l'art de conferer" : "en quelque main, c'est un sceptre ; en quelque autre, une marotte" (905B). De prime abord, on pourrait tout simplement penser à une rencontre fortuite ; une même expression proverbiale peut bien se trouver dans deux ouvrages sans qu'il s'agisse de rapport entre les deux textes. Or, une lecture de l'argumentation qui précède chaque sentence proverbiale révèle un discours identique. Et Guazzo et Montaigne déplorent le manque d'authenticité entre parole et pensée, entre savoir apparent et savoir assimilé et ressenti (cf. 93a-b, 904-05). Cette parenté d'argumentation laisse ainsi croire que le texte de Guazzo déclenche celui de Montaigne et que l'amorce textuelle ne doit pas nécessairement se trouver à l'intérieur de l'essai en question mais peut bien se retrouver dans un autre essai ; la citation de Properce est insérée par Montaigne dans un contexte limité dans "Un traict de quelques ambassadeurs" et le discours autour de cette même citation chez Guazzo revient dans "De l'art de conferer" juste aux abords de la seule allusion à Guazzo dans les *Essais* — hommage oblique ou parure voilée qui veut en fait se dévoiler. En somme, la citation de Properce chez Guazzo est une figure emblématique qui sera le point de départ pour Montaigne d'engendrements textuels variés et localisés dans deux essais composés à des époques différentes. On pourrait donc supposer que Montaigne commença à composer "De l'art de conferer" dès 1582, date à laquelle il ajoutait la citation de Properce dans un essai du premier livre[1].

La présence de Guazzo chez Montaigne manifeste un dialogue entre "De l'art de conferer" et les autres essais où se trouvent les citations tirées de la *Civil conversatione* et dont le contexte renvoie tantôt à cet essai et tantôt à celui où l'essayiste insère la citation. En outre, puisque ces citations ne sont pas des textes de Guazzo même, mais des textes d'autres poètes, il faut tenir compte d'une multiple intertextualité : le contexte dans le texte originel, le contexte chez Guazzo et chez Montaigne, et ensuite les possibilités de rapports, les entrecroisements, entre ces diverses occurrences. Ainsi dans "Un traict de quelques ambassadeurs", ce qui déclenche la citation de Properce (traduite par Guazzo en italien) est la constatation d'un besoin de communiquer, de dialoguer, avec les autres, c'est-à-dire l'affirmation ici du dialogue entre Montaigne et Guazzo, entre Guazzo et Properce, et entre Properce et Montaigne :

> J'observe en mes voyages cette pratique, pour apprendre tousjours quelque chose par la communication d'autruy (qui est une des plus belles escholes qui puisse estre), de ramener tousjours ceux avec qui je confere, aux propos des choses qu'ils sçavent le mieux.
>
> Basti al nocchiero ragionar de' venti
> Al bifolco dei tori, e le sue piaghe
> Conti 'l guerrier, conti 'l pastor gli armenti.
>   (I : xvii, 71 A)

Chez Guazzo, comme chez Montaigne, le contexte immédiat est qu'il faut s'adresser à ceux qui sont maîtres de leur sujet, et d'autre part il est difficile de décider comment il faut parler et quand il faut se taire. Par contre, chez Properce le contexte révèle une spécificité moins équivoque ; il déclare qu'il ne peut être que poète d'amour et ne peut pas

---

[1]   Villey propose, mais pas très catégoriquement, la date de 1586 pour la composition de cet essai; cf. *Les sources et l'évolution des Essais*, I. pp. 393-94.

composer une poésie héroïque comme le voudrait Mécène[1]. De même, Montaigne dans "De l'art de conferer" déclare dans une addition tardive : "J'ose non seulement parler de moy, mais parler seulement de moy ; je fourvoye quand j'escry d'autre chose et me desrobe à mon subjet" (III : viii, 921C). Mais l'unicité du sujet ne présuppose pas la contrariété et la multiplicité des moyens pour y arriver.

En fin de compte, le besoin de dialoguer avec les autres, la nécessité de lectures pour aboutir à l'écriture est constamment valorisée. A la fin de "Un traict de quelques ambassadeurs" dans une longue addition (C), Montaigne cite le cas de Crassus qui n'accepte pas l'expertise de son ingénieur naval et le punit de lui avoir désobéi, mais la dernière phrase de l'essai établit la validité de la conference : "Et Crassus, escrivant à un homme du mestier et luy donnant advis de l'usage auquel il destinoit ce mas, sembloit-il pas entrer *en conference* [nous soulignons] de sa deliberation et le convier à interposer son decret ?" (I : xvii, 74C). En effet, la fonction des ambassadeurs, des lectures, est de former et de dresser par leur conseil, "La volonté du maistre" (74C), du lecteur, que ce soit Montaigne ou nous-mêmes. Aussi la citation de Properce devient-elle l'emblème autour duquel et à partir duquel réverbère un énoncé sur la nécessité de communiquer, de lire, et le rapport entre ce dialogue et le texte qui en résulte.

L'art de conférer, la sélectivité et la nécessité du dialogue avec les autres, menant à l'auto-connaissance et à une suffisance de jugement, tiennent en somme d'une louable industrie humaine. Les sources, les lectures, restent en elles-mêmes inconséquentes par rapport à leur transformation dans un nouveau texte. C'est dans ce contexte que se situe

---

[1]   Quaeritis unde mihi totiens scribantur amores,
        unde meus ueniat mollis in ore liber;
        non haec Calliope, non haec mihi cantat Apollo;
        ingenium nobis ipsa puella facit ...
        Nauita de uentis, de tauris narrat arator
        et numerat miles uulnera, pastor ouis;
        nos contra angusto uersantis proelia lecto:
        qua pote quisque, in ea conterat arte diem.
   (Properce, *Elégies*, éd. D. Paganelli [Paris: "Les Belles Lettres", 1929], II : 1-4, 43-46).

chez Montaigne la citation de Dante tirée de la *Civil conversatione* : "Che non men che saper dubbiare m'aggrada" (I : xxvi, 150A). Ici Montaigne pose l'équivalence du doute et du savoir et valorise non l'imitation mais l'assimilation, et avant d'aboutir au topos de l'abeille qui voltige de fleur à fleur pour produire le miel (150-51A), il réaffirme l'indépendance du jugement et une auto-conscience épistémologique dérivant d'un processus d'assimilation rénovatrice : (C) "qui suit un autre, il ne suit rien ... qu'il sache qu'il sçait au moins. (A) Il faut qu'il emboive leurs humeurs, non qu'il apprenne leurs preceptes" (150). Le contexte est identique autour de la citation de Dante dans la *Civil conversatione*. Guazzo lui-même (le cavaliere dans le dialogue) déclare que le savoir sert à comprendre, donc forme d'assimilation, et non pas d'instrument de contestation : "ma desidero bene di darvi cagione d'insegnarmi, più per intendere, che per contendere ..." (7b). En outre, même ici la lecture de Guazzo de la part de Montaigne est plus ample qu'on ne le croirait de prime abord puisqu'on retrouve dans le texte italien juste avant la citation de Dante une même négation, que chez Montaigne, de sources, de lectures, en tant qu'appuis serviles : "*Non aspettate già, ch'io entri in campo per sottil disputante contra di voi, perchè non appresi mai i luoghi, donde si cavano gl'argomenti* [nous soulignons], e quel ch'io dico è più per opinione che per intelligenza..." (7b)[1].

Mais, et pour Guazzo et pour Montaigne le véritable intertexte est Aristote, car la citation de Dante est tirée de la partie du onzième chant de l'*Inferno* (v. 93), où le poète et Virgile observent les cercles inférieurs de ce royaume que dominent la malice humaine, la fraude, considérée par Aristote, dans son *Ethique à Nicomaque*, comme plus vicieuse que la malice bestiale, la violence. Le nom d'Aristote, par rapport à son *Ethique* et à sa *Physique*, est allégué par Virgile qui veut faire entendre que Dante en avait une connaissance très approfondie (cf. vv. 96-105)[2]. Et c'est

---

[1]   On constate que Guazzo cite deux vers de Dante dont le premier valorise la possibilité d'une résolution, de savoir, et contrebalance ainsi le second:

Tu mi contenti sì quando tu solvi,

Che non men, che saper, dubbiar m'aggrada. (7b)

[2]   Cf. les commentaires à ces vers de Natalino Sapegno dans son édition critique de la *Divina Commedia* (Milan: Ricciardi, 1957), pp. 134-36. En ce qui

précisément dans sa *Physique* qu'Aristote admoneste l'homme à conquérir les vices de la malice par son industrie et sa volonté, comme le note Virgile. Est-il donc fortuit que quelques lignes avant la citation de Dante, Montaigne déclare. "Qu'il luy face passer par l'estamine et ne loge rien en sa teste par simple authorité et à crédit ; les principes d'Aristote ne luy soient principes, non plus que ceux des Stoiciens ou des Epicuriens" (I : xxvi, 150A). Le dialogue entre les trois textes de Montaigne, Guazzo et Aristote converge sur une négation de toute suprématie d'autorité acceptée et renforce en revanche l'industrie humaine, l'art de conférer et de lire, l'écriture, car selon le livre II, 11 de la *Physique*, cette industrie, cet art, perfectionne la nature et l'imite ainsi ("Ars imitatur naturam in quantum potest")[1].

Le savoir commence par le dialogue, par le doute à l'égard de l'autre et par le choix de ne pas être contraint de choisir.

C'est à travers Dante et Pétrarque cités dans la *Civil conversatione* et transposés dans les *Essais* que Montaigne et Guazzo se rejoignent dans la certitude du doute, de la nécessité du dialogue, de la coexistence nécessaire et fructueuse de la solitude et de la conversation. La citation de Pétrarque semble souligner le doute : "Nè sì, nè no nel cuor mi suona intero", (II : xvii, 637B ; 17a). Mais en fait chez Guazzo elle sert d'emblème, de camée, autour duquel est souligné le principe de l'équivalence des deux côtés de la médaille en fonction du savoir. Tandis que chez Montaigne, elle figure immédiatement après la fameuse

---

concerne Montaigne et Dante, on insiste surtout sur leur incompatibilité spirituelle; l'organicité de l'essayiste est opposée à l'unicité du poète florentin; cf. Arturo Farinelli, *Dante e la Francia*, vol. I (Milan: Hoepli, 1908), pp. 505-07; Werner P. Friederich, *Dante's Fame Abroad: 1350-1850*, (Rome: Edizioni di Storia e Letteratura, 1950), pp. 74-75.

[1] On note également chez Guazzo, à un autre moment, l'emploi de la métaphore, du *topos* de l'étamine en tant qu'instrument et moyen critique, de concrétisation du dialogue, pour tenter d'atteindre la vérité : "...mentre cercano à prova l'un l'altro di prevaler con ragioni, si viene al perfetto conoscimento delle cose, & perciò si suol dire, che la disputa è il cribro della verità..." (20b). Il faut aussi constater que dans "De l'art de conférer" le sous-texte du vocabulaire guerrier valorisant le dialogue ou le dialogisme rejoint un même contexte métaphorique chez Guazzo; cf. Barbara Bowen, "Speech and Writing in the 1580 Text of 'Du parler prompt ou tardif," in *Montaigne (1580-1980)*, éd. Marcel Tetel (Paris: Nizet, 1983), pp. 63-64.

référence à sa *cicatrice* qui oppose le besoin de choisir et décider dans le domaine politique et public à la possibilité de "cette infinie contexture de débats" (638A) que permet, par contre, le texte écrit[1]. Or, cette *cicatrice* due à l'irrésolution tout en semblant se rapporter à une condition quelque peu négative, véhicule plutôt une rhétorique du doute qui déclenche le texte, le débat à l'intérieur d'un essai et le débat avec les autres, et se métamorphose ainsi en une condition privilégiée qui l'emporte sur la déesse Fortuna destructrice, elle, de la volonté et animatrice de l'irrésolution[2], tout comme cette déesse domine également, en fin de compte, l'art de conférer (cf. 912-13). De façon plus globale, le contexte chez Guazzo autour de cette citation de Pétrarque est, comme chez Montaigne, l'opposition de la solitude (locus de l'écriture du texte et de l'homme de lettres) et la conversation (la nature de l'homme public), soit le topos de la *vita contemplativa* vs. la *vita activa* (cf. 16b-18a). L'irrésolution apparente résultant de l'argumentation dialectique et antithétique à travers la *Civil conversatione* se dissout tout de même périodiquement au moyen d'une réversibilité socratique des positions de chacun des deux protagonistes au cours de l'ouvrage et, au fur et à mesure que le dialogue progresse, par la réalisation du texte adressé au lecteur qui dénouera pour lui-même et selon ses besoins un sens plus synthétique.

C'est alors que s'interpose le sonnet de Pétrarque, et sa signification, d'où est tirée la citation, et ce poème devient en fait le sous-texte où se rejoignent Guazzo, Montaigne et Pétrarque. Car la proposition du doute figure seulement dans les deux premiers quatrains, en tant que développement d'une condition de suspension devant l'amour, avant

---

[1]   Montaigne ici se refère spécifiquement aux *Discours* de Machiavel et à leur caractère multiforme, donc autre conversation: "N'ayant autre fondement que l'experience, et la diversité des evenements humains nous presentent infinis exemples à toute sorte de formes" (609); les propos de l'essayiste restent par conséquent dans un contexte italianisant.

[2]   "L'incertitude de mon jugement est si également balancée en la pluspart des occurrences, que je compromettrois volontiers à la decision du sort et des dets; et remarque avec grande consideration de nostre foiblesse humaine les exemples que l'histoire divine mesme nous a laissez de cet usage de remettre à la fortune et au hazard la determination des élections ès choses doubteuses" (II: xvii, 638A).

d'aboutir aux deux tercets qui eux traduisent la véritable thèse du poème : la permanence du désir d'aimer, c'est-à-dire de savoir puisque l'amour est en grande partie une allégorie, une métaphore, de la connaissance et l'auto-connaissance. Or, l'incertitude des quatrains est opposée, est également la donnée requise, à la certitude et l'invariabilité des tercets :

> Or sia che può : già sol io non invecchio ;
> Già per etate il mio desir non varia[1].
> (CLXVIII)

La recherche d'une constance qui vaincra le temps et son inconstance, qui produit le doute, sont précisément pour Pétrarque le désir d'aimer, de savoir ; le désir de dialoguer, de savoir et de comprendre pour Guazzo ; et le désir de l'irrésolution, du savoir, de l'auto-connaissance, ainsi que la primauté du jugement qui en résulte pour Montaigne. D'ailleurs, ces désirs se valent et sont tout à fait interchangeables pour l'un et l'autre de ces auteurs.

Le *modus vivendi et scribendi* de Montaigne, pour réaliser une mesure de sérénité, nécessite un va-et-vient constant entre une vie publique, une activité civique et politique, et le voyage, en somme la conversation avec les hommes .... ; et une vie de solipsisme et de solitude, dans sa *librairie* : la conversation avec les livres et l'écriture de son propre livre[2]. Il ne s'agit pas pour lui vraiment de choisir entre solitude et conversation, mais plutôt d'incorporer deux formes de conversations ; c'est là son véritable art de conférer — au sens étymologique, *cum ferre*, porter avec, rassembler. De cette double activité naît un véritable doute sur le savoir (Pétrarque) que comblent la constance et le bien-être de l'industrie humaine, du désir incessant de savoir et de recréer (Dante, Aristote, Pétrarque), et la certitude que le Moi

---

[1]   Francesco Petrarca, *Canzoniere*, éd. Gianfranco Contini (Turin: Einaudi, 1968), p. 224.

[2]   Cf. Jean Starobinski, "Montaigne et 'la relation à autruy'," *Saggi e Ricerche di Letteratura Francese*, 9 (1968), 77-106; et Daniel Ménager, "Montaigne, la 'librairie' et le 'pays sauvage'," in *Etudes seiziémistes offertes à Monsieur le Professeur V.-L Saulnier* (Genève: Droz, 1980), pp. 383-94.

reste le sujet le plus saisissable dans son ineffabilité (Properce). Ce Moi devient un sujet sur lequel convergent les résultats de la présence de Montaigne parmi les hommes — soient-ils des êtres vivants ou des livres. La conversation avec Guazzo aura donc été habile et fructueuse.

II

FRANCESCO PETRARCA

IRRESOLUTION ET SOLITUDE

L'aube et le coucher de la Renaissance, Pétrarque et Montaigne ; ou serait-ce plutôt deux astres fraternels qui se côtoient dans un espace temporel encore plus vaste ? Bien que la juxtaposition de ces deux auteurs n'ait pas été poursuivie d'une manière assidue, elle ne reste pas moins valable car, pour commencer, Montaigne à plusieurs reprises cite Pétrarque dans ses *Essais* [1]. Ces citations ne prouvent pas nécessairement une lecture ou une connaissance approfondie de Pétrarque, mais elles ne sont pas moins importantes pour le contexte dans lequel elles se situent. De leur présence et de leur interaction avec ce contexte se dégage une thématique centrée sur l'irrésolution et la problématique de l'engagement si importantes chez ces deux auteurs. A partir de ce constat, il est possible d'élargir la discussion pour tenter de cerner chez eux un Moi insaisissable qui se dessine sur la vaste fresque de l'Humanisme. Donc,

---

[1] Les rapprochements entre Pétrarque et Montaigne restent assez vagues. Villey suggère que Montaigne a une dette envers les Italiens: "Il ne faudrait pas non plus oublier les Italiens: Pétrarque, l'Arioste, les auteurs de comédie; ni les Français, comme Ronsard et du Bellay, qu'il cite et qu'il loue"(P. Villey, *Les Sources et l'évolution des Essais de Montaigne*, II [Paris: Hachette 1908], p. 145). Friedrich se demande si Montaigne a lu une certaine littérature italienne secondaire: "le niveau des *Essais* domine de haut cette littérature secondaire et égale, quand il ne lui est pas supérieur ... Pétrarque, L. B. Alberti, Valla; étonnant que Montaigne, par endroits, touche d'aussi près que s'il les avait lus aux sujets de ceux-ci" (H. Friedrich, *Montaigne* trad. Robert Rovini [Paris: Gallimard 1968], p. 35). Certains ouvrages sur Pétrarque font parfois des rapprochements plus serrés; cf. J. H. Whitfield, *Petrarch and the Renascence* (Oxford: Blackwell 1943), pp. 27-28; A. Tripet, *Pétrarque ou la connaissance de soi* (Genève: Droz 1967), p. 31.

cette confrontation de Pétrarque et Montaigne, entre autres, peut contribuer à un aperçu du concept de l'Humanisme et de son évolution. L'Humaniste aime à se situer dans un huis-clos, réel ou agencé, et Montaigne en est un insigne exemple. Lorsqu'il cite Pétrarque pour la première fois, tout à fait au début des *Essais* ("De la tristesse" I : ii), il donne d'abord nombre de cas d'individus qui souffrent sans le montrer en public et ensuite d'autres qui se laissent aller ; ni les uns ni les autres n'offrent une solution puisque chacune de ces réactions excessives peut mener à la mort. C'est en discutant des premiers que Montaigne allègue Pétrarque : "Chi può dir com'egli arde è in picciol fuoco" (16A). Si on situe ce vers dans le sonnet de Pétrarque, on note que celui-ci y déclare que l'amour paralyse toute réaction ou solution aux souffrances et aux effets contradictoires qu'il cause. Si l'on accepte la signification métaphorique de l'amour en tant que *medium* épistémologique et ontologique, on constate alors que Pétrarque veut faire aussi entendre la difficulté sinon l'impossibilité du savoir auquel on tâche d'arriver à travers l'amour.

La présence de Pétrarque s'impose avec beaucoup plus de force dans l'essai "De la tristesse" que ne le suggère la présence d'un seul vers car la relation entre la matière apparente d'un essai et son titre est souvent expressément décevante ; ou plutôt le titre de l'essai nous rappelle le sujet central, ou un sujet central, dont la matière de l'essai semble s'être éloignée. Ici, de prime abord, les cas de ceux qui souffrent en silence et de ceux qui se laissent aller n'ont guère de rapport avec la tristesse, à moins que Montaigne veuille faire entendre, pour expliciter le titre de l'essai, que la condition humaine est sans espoir devant la mort et que cela mène précisément l'homme à concevoir cette tristesse. Pétrarque lui-même, on le sait, souffre de cette maladie spirituelle typiquement humaniste, presque inventée par lui d'ailleurs, qu'on dénomme *acedia*. En effet, cette crise qui lui est propre résulte d'une réflexion et d'une conscience du caractère fortuit et instable de la condition humaine. La tristesse de Montaigne est l'*acedia* de Pétrarque, et pour ôter tout doute quant à ce rapprochement il suffit de rappeler que Pétrarque emploie le latin *tristitia* pour dénoter sa maladie[1]. Par conséquent, il n'est pas excessif de suggérer que la première citation de Pétrarque par Montaigne se situe dans un contexte bien plus large que celui de simple exemple supplémentaire pour appuyer un point de vue. Il s'agit plutôt d'un ample coup de chapeau à l'un de ses ancêtres spirituels — rappel allusif plutôt que franche affirmation.

De plus, des additions à cet essai "De la tristesse", notamment le premier et le dernier paragraphes, viennent souligner le contexte italien du sujet et la prétendue guérison spirituelle de Montaigne et confirment ainsi notre argument. Au moyen de ces additions Montaigne dévoile légèrement l'arrière-plan italien de son sujet et cherche surtout à se distinguer des autres et de ses devanciers :

> Je suis des plus exempts de cette passion, et ne l'aime ny l'estime, quoy que le monde ayt prins, comme à prix faict, de l'honorer de faveur particulière. Ils en habillent la sagesse, la vertu, la conscience : sot et monstrueux ornement. Les Italiens ont plus sortablement baptisé de son nom la malignité. Car c'est une qualité tousjours nuisible, tousjours folle, et, comme tousjours couarde et basse, les Stoïciens en defendent le sentiment à leurs sages.
> (I : ii, 15BC).

Naturellement à la maléfique *acedia* s'oppose la bénéfique *ataraxia*, et bien que Montaigne tâche de refouler la première il n'en est pas tout à fait exempt, surtout quand il commence à écrire les essais, car cette maladie est un des plus importants catalyseurs menant à l'acte même de l'écriture. Comme il arrive si souvent dans une veine consciemment paradoxale, ce qu'un essai semble nier en est le sujet même. Lorsque Montaigne revient à "De la tristesse" il a trouvé une solution qui va au-delà de l'*ataraxia*, telle que l'indique la dernière phrase-paragraphe de

---

1   "Hoc equidem presidio consistes immobilis cum adversus cetera tum contra animi tristitiam, que umbra velut pestilentissima virtutum semina et omnes ingeniorum fructus enecat" (F. Petrarca, *Secretrum liber secundus* in *Opere*, éd. Giovanni Ponte [Milan: Mursia, 1968], p. 522).

l'essai, une addition de 1588 : "Je suis peu en prise de ces violentes passions. J'ay l'appréhension naturellement dure ; et l'encrouste et espessis tous les jours par discours" (I : ii, 17-18B). La solution se trouve dans ses "discours", la composition des *Essais*. Inutile d'insister pour le moment sur la prépondérance de l'activité créatrice pour se guérir de l'*acedia* et se forger une progéniture spirituelle, la gloire, trait si cher aux Humanistes. Et Pétrarque, le poète qui reçut la couronne de lauriers, n'en est pas moins exempt que Montaigne qui accepta la "bulle authentique de bourgeoisie Romaine" (III : xi, 978B).

Globalement Pétrarque apparaît dans les *Essais* lorsque Montaigne tâche de capter un Moi insaisissable ou un savoir illusoire ; les deux tentatives sont d'ailleurs interchangeables. D'une façon plus spécifique, l'auteur du *Canzoniere* intervient pour confirmer l'inexistence d'une ligne de démarcation entre masque et visage, entre le faux et le vrai. Au début de "Comme nous pleurons et rions d'une mesme chose" (I : xxxviii), Montaigne semble prendre Pétrarque à partie, car il le cite négativement en alléguant que le victorieux peut bien pleurer l'ennemi qu'il vient de tuer : "Le victorieux, rencontrant le corps de son ennemy trespassé, en mena grand deuil, il ne faut pas s'escrier soudain :

> Et così aven che l'anima ciascuna
> Sua passion sotto el contrario manto
> Ricopre, con la vista hor' chiara hor bruna.
> (I : xxxviii, 229A)

Montaigne recherche l'authenticité de l'action ou de la pensée, mais quand il lui impose un caractère monolithique, il échoue ; par conséquent, en ce qui concerne les autres, il ne finit par accepter que des masques. La fin de l'essai fait ressortir cette conclusion :

> Quand Timoleon pleure le meurtre qu'il avoit commis d'une si meüre et genereuse deliberation, il ne pleure pas la liberté rendue à sa patrie, il ne pleure pas le Tyran, mais il pleure son frère. L'une partie de son devoir est jouée [Timoleon pleurant le tyran], laissons luy en jouer l'autre [pleurer son frère].
> (I : xxxviii, 231A)

Cette situation pirandellienne existe parce que nous sommes incapables de juger les motivations d'autrui. Puisque nous ne pouvons juger autrui, au moins devrions-nous trouver en chacun de nous une qualité maîtresse qui s'imposerait sur nos actions et nos pensées, mais ce souhait ne se réalisera pas non plus car "Nulle qualité nous embrasse purement et universellement" (I : xxxviii, 230C). Donc, en dépit de tout, l'extérieur reflète l'intérieur. Pétrarque, apparemment réfuté au début de l'essai par son emplacement primaire, finit par dominer l'argument et servir même de modèle ; l'ironie, véritable qualité maîtresse de l'Humaniste indécis, entre en jeu et vient appuyer la simultanéité du masque et du visage.

Montaigne est attiré par Pétrarque à cause de l'irrésolution qu'il trouve aussi chez ce dernier. De nouveau, cette condition résulte d'un facteur intérieur et extérieur. D'une part, l'irrésolution procède naturellement de la variété et de la contradiction de points du vue ; d'autre part, elle est imposée par la fortune qui bien trop souvent empêche ou détruit tout effort humain de solution ou de réconciliation. Cette dernière notion est précisément le sujet de l'essai "De l'incertitude de notre jugement" (I : xlvii) où Montaigne cite Pétrarque en discutant l'hégémonie de la fortune sur les actions humaines, véritable sujet de cet essai :

> Vinse Hannibal, et non seppe usar' poi
> Ben la vittoriosa sua ventura.
> (I : xlvii, 271A)

Le dilemme et la tragédie de l'homme, sinon le paradoxe de la condition humaine, est de savoir profiter d'une bonne fortune, lorsqu'il sait qu'il n'a aucun pouvoir sur la fortune. Bien que Montaigne soit forcé d'accepter cette situation, il n'est pas moins conscient et au moins, comme il le déclare lui-même, sait-il qu'il sait ; c'est là l'essentiel :

> Ce n'est pas comme à l'escrime, où le nombre des touches donne gain, tant que l'ennemy est en pieds, c'est à recommencer de plus belle ; ce n'est pas victoire, si elle ne met pas fin à la guerre ... Ainsi nous avons bien accoustumé de dire avec raison que les evenemens et issues dependent, notamment en la guerre, pour la

plupart de la fortune, laquelle ne se veut pas renger et assujectir à notre discours et prudence.
(I : xlvii, 271A, 276A)

De prime abord, il semble que Pétrarque n'accepte pas la certitude fatale à laquelle Montaigne se soumet. Dans le sonnet que Montaigne cite, Pétrarque admoneste l'homme à poursuivre l'occasion avantageuse afin de se garantir une survie auprès de la postérité :

> Mentre 'l novo dolor dunque l'accora,
> non riponete l'onorata spada ;
> anzi seguite là dove vi chiama
> vostra fortuna dritto per la strada,
> che vi può dar, dopo la morte ancora
> mille e mille anni, al mondo onor e fama[1].
> (CIII)

Mais l'écart entre tentative et succès, combat et victoire, reste bien large. Comme Montaigne, Pétrarque représente l'existence en tant que combat : "la vie humaine est une guerre continuelle" (Fam., V, 15)[2]. Chez l'un et l'autre, la métaphore de la guerre exprime l'incompatibilité de la situation de l'homme devant la fortune dont résulte son aliénation.

En fait, chez Montaigne dans les deux premiers livres des *Essais* au moyen de la fréquence des exemples et des historiettes, la métaphore de la guerre devient une dominante qui révèle non seulement l'adversité entre homme et fortune mais l'impossibilité de la réussite. Cependant, la notion de fortune chez Montaigne ne se situe pas dans un contexte négatif ; il y voit plutôt l'aiguisoir contre lequel se cisèle sa conscience, autrement dit, il s'essaie contre la fortune. Pétrarque, lui, observe l'homme ballotté par une fortune aveugle ; il s'en dégage d'abord un

---

[1]   Les textes du *Canzoniere* sont extraits de l'édition des *Opere* citée dans la note ci-dessus.
[2]   "In Campum Martium omnes qui nascimur vocati sumus". Les citations des lettres familières (*Familiarium rerum*) sont tirées de l'édition nationale des oeuvres de Pétrarque, éd. Vittorio Rossi, en particulier les quatre volumes publiés jusqu'à présent (Florence : Sansoni, 1934, 1942). Les chiffres romains se rapportent au livre, les chiffres arabes au numéro de la lettre et ensuite du paragraphe ou à la section.

sourire amer mais comme chez Montaigne l'effet de prise de conscience fait vite surface :

> Va donc, et nie que la fortune ne soit pas quelque chose d'important si elle peut tourner les bons conseils en ruine et les erreurs en salut. Mais je plaisante... puisque tu sais bien ce que je pense de la fortune : c'est un mot qui fait peur. Quoi qu'il en soit, il nous fut utile de nous être trompés de chemin, la tempête nous fut utile ; un mal en chassa un pire.
> (Fam., V, 10)[1]

Il est superflu d'insister sur l'importance de la notion de fortune dans la pensée humaniste ; elle reflète essentiellement un syncrétisme païen-chrétien. Faut-il aussi rappeler qu'après avoir remis les *Essais* à son auteur, la Curie romaine admonesta Montaigne d'éliminer les fréquentes mentions de *fortune*. Or, l'essai "De l'incertitude de notre jugement" accuse celle-ci d'entraver notre capacité d'agir et de penser, et la présence ici, tout à fait au début, d'une citation d'un sonnet de Pétrarque sur la fortune fait immédiatement planer le sujet sur l'essai ; la citation sert donc à introduire la *vis* thématique de l'essai. Et à la fin de l'essai, consciemment ou pas, il y a un rappel pétrarquien, lorsque Montaigne pour souligner l'inutilité d'un choix existentiel devant le caractère inexorable du sort allègue Scipion et Hannibal :

> Scipion trouva bien meilleur d'aller assaillir les terres de son ennemy en Afrique, que de defendre les siennes et le combattre en Italie où il estoit, d'où bien luy prinst. Mais, au rebours, Hannibal en cette mesme guerre, se ruina d'avoir abandonné la conqueste d'un pays estranger pour aller deffendre le sien. Les Atheniens, ayant laissé l'ennemy en leurs terres pour passer en la Sicile, eurent la fortune contraire ; mais Agathocles, Roy de Siracuse, l'eust favorable, ayant passé en Afrique et laissé la guerre chez soy.
> (I : xlvii, 276A)

---

[1] "I nunc et negare aude magnum aliquid esse fortunam, que et consilia in perniciem et errores in salutem vertere potens est.
Ludo tecum ... de fortuna enim judicium meum tenes: formidabile nomen est.
Utcunque se res habeat, produit error vie, profuit procella; peiora malis evasimus".

Un écho pétrarquien se manifeste ici ; car il est difficile de ne pas associer Scipion à Pétrarque et son *Africa* ; aux yeux du poète, le vainqueur de Carthage est le paragon de la *virtus* romaine et le conquérant de la fortune grâce à ses propres actes et à l'ouvrage du poète. Montaigne, certes, préfère Alexandre le Grand ou Jules César, mais ils incarnent les mêmes vertus que Scipion l'Africain. Cette allusion à Scipion suivie du contexte africo-sicilien vient donc renforcer la présence pétrarquienne dans l'essai et surtout continue à faire entrevoir la mutabilité de la fortune et l'épreuve avantageuse à laquelle elle soumet l'homme[1].

Montaigne et Pétrarque partagent la conviction de l'impossibilité de toute certitude. Ils ne parviennent à cette conviction qu'après un long trajet épistémologique et ontologique, sans cesse soumis au doute. Ils le poursuivent afin de conserver une lucidité de leur existence au milieu de contradictions qui résultent inévitablement de la dissection du savoir, de l'exploration des connaissances. La solution se trouve sans doute dans la modération si on peut réussir à se délivrer des entraves d'une condition réelle tout à fait contraire, car l'écart est bien vaste entre désir et élément vécu, entre conseil à autrui et situation personnelle ; c'est dans ce contexte que figure une autre référence à l'oeuvre de Pétrarque :

> Nous secouons icy les limites et dernieres clotures des sciences, ausquelles l'extremité est vitieuse, comme en la vertu. Tenez vous dans la route commune, il ne faict mie bon estre si subtil et si fin. Souvienne vous de ce que dit le proverbe Thoscan : "Chi troppo s'assottiglia si scavezza". Je vous conseille, en vos opinions et en vos discours, autant qu'en vos moeurs et en toute autre chose, la moderation et l'attrempance, et la fuite de la nouvelleté et de l'estrangeté. Toutes les voyes extravagantes me fachent.
> (II, xii, 540-541A)

Cette citation tirée de "L'Apologie de Raymond Sebond" fait entrevoir un léger sourire de Montaigne puisque le processus même de

---

[1]   Les éditeurs de Montaigne voient dans ces allusions à Scipion et à la Sicile un emprunt fait à Machiavel (*Discours sur la première Décade de Tite-Live*, II, 13, p. 1512) mais le contexte et le rappel restent pétrarquiens, sinon l'emprunt même.

l'exploration sous-entend un désir "de la nouvelleté et de l'estrangeté" ; à moins qu'en s'adressant ici à Marguerite de Valois, fille d'Henri II et de Catherine de Médicis mais épouse d'Henri de Navarre, futur Henri IV, Montaigne ne veuille envisager que la question de la religion.

La *canzone* d'où est tiré le vers indique que le poète tout comme Montaigne a trouvé son assiette, un abri hors des extrêmes, mais seulement après avoir fait un âpre voyage, et de ce ballottement est issue une hardiesse, notamment la création de l'oeuvre poétique qui continue à devoir son existence à une oscillation entre sérénité temporaire et tourment spirituel. A la recherche de l'assiette, ou de la modération, condition idéalisée, est opposée la réalité de l'écriture. Qu'il l'admette ou non, l'Humaniste veut être montré du doigt ; il veut se distinguer en train d'échouer dans ses tentatives pour se distinguer dans l'abîme du savoir. C'est là le lien fraternel qui unit Pétrarque et Montaigne :

Forse ch'ogni uom che legge non s'intende,
e la rete tal tende che non piglia ;
e chi troppo assotiglia si scavezza.
Non sia zoppa la legge ov'altri attende.
Per ben star si scende molte miglia.

De' passati miei danni piango e rido,
perché molto mi fido in quel ch'i' odo ;
del presente mi godo e meglio aspetto,
e vo contando gli anni, e taccio e grido ;
e 'n bel ramo m'annido ed in tal modo,
ch'i' ne ringrazio e lodo il gran disdetto
che l'indurato affetto al fine à vinto,
e ne l'alma depinto : "I' sare' udito
e mostratone a dito", e ànne estinto
(tanto inanzi son pinto
ch'i' pur dirò) : "non fostu tant' ardito! ...
                    (CV)

Un vice capital de l'Humaniste — ou est-ce plutôt vertu ? — est donc une présomption, doublée de la certitude de son échec, qui l'oblige toujours à persister dans une entreprise qui le laisse angoissé et indécis. Et c'est précisément dans l'essai "De la praesumption", que Montaigne allègue de nouveau Pétrarque et déclare cette fraternité spirituelle avec le poète :

> Je ne veux donc.pas oublier encore cette cicatrice, bien mal propre à produire en public : c'est l'irrésolution, defaut très incommode à la négociation des affaires du monde. Je ne sçay pas prendre party ès entreprinses doubteuses :
>
> Ne sì, ne no, nel cor mi suona intero.
> Je sçay bien soustenir une opinion, mais non pas la choisir.
>   (II : xvii, 637AB)

En fait, l'ironie perce car Montaigne se plaint de ce qu'il prise ; autrement dit, cette cicatrice est sa malédiction mais en même temps elle est aussi un indice suprême de sa conscience, de sa supériorité sur les autres qui eux se penchent vers des solutions trop faciles ou pensent avoir trouvé les réponses définitives. Cette irrésolution le mène forcément à se tourner vers soi-même, à une auto-dépendance et une auto-critique : "moy je me roulle en moy mesme" (II : xvii, 641A). La possession du Moi reste une illusion plus plausible que la réussite d'une solution épistémologique. En fin de compte, il s'agit pour lui de choisir entre deux phénomènes, deux illusions, plutôt qu'entre deux réalités dignes de confiance.

Chez Pétrarque, ce qui sera la cicatrice de Montaigne apparaît sous la forme de la blessure traditionnelle infligée par la flèche de Cupidon. Cette plaie rend le poète angoissé, indécis, parce qu'elle le fait espérer et désespérer, espérer à cause de son potentiel et désespérer à cause de son échec. Il est entendu que l'amour n'est ici que la métaphore et le moyen pour tenter une exploration épistémologique et ontologique ; c'est le *medium* du désir de connaissance, ce fléau humain :

> Amor mi manda quel dolce pensero
> che secretario antico è fra noi,
> e mi conforta, e dice che non fui
> mai come or presto a quel ch'io bramo e spero.

Io, che talor menzogna e talor vero
o ritrovato le parole sue,
non so s'i' 'l creda, e vivomi intra due :
né sì né no nel cor mi sona intero.
(CLXVIII)

Grâce à leur échec, Pétrarque et Montaigne se renouvellent, renaissent et reviennent à l'écriture. Voilà aussi pourquoi, dans une certaine mesure, ils se roulent dans l'irrésolution. Dans le *Secretum*, ainsi que dans les *Familiares*, Pétrarque abandonne la métaphore vénérienne et se lamente d'une faiblesse qu'il transforme en certitude littéraire et durable gloire malgré ses protestations ironiques d'échec :

> Puisque l'âme faible, envahie de ses fantasmes, opprimée de tant de préoccupations variées qui se combattent sans trêve, ne peut examiner auquel s'opposer d'abord, lequel cultiver, lequel réprimer, lequel repousser ; et toute la vigueur et tout le temps qu'une main avare lui a accordés, ne suffisent pas à cette entreprise. Comme il arrive à qui sème beaucoup de plantes dans un terrain aride dont la surabondance même empêche leur croissance, ainsi il t'arrive aussi que dans ton esprit trop occupé rien d'utile ne prenne racine, rien de fructueux ne pousse[1].

---

[1]   "Siquidem fantasmatibus suis obrutus, multisque et variis ac secum sine pace pugnantibus curis animus fragilis oppressus, cui primum occurrat, quam nutriat, quam perimat, quam repellat, examinare non potest; vigorque eius omnis ac tempus, parca quod tribuit manus, ad tam multa non sufficit. Quod igitur evenire solet in angusto multa serentibus, ut impediant se sata concursu, idem tibi contingit, ut in animo nimis occupato nil utile radices agat, nichilque fructiferum coalescat; tuque inops concilii modo huc modo illuc mira fluctuatione volvaris, nusquam integer, nusquam totus" (*Secretum*, p. 472). Il s'agit de se créer une sérénité au moyen de la patience et d'une constance intérieure, qui permette de faire face à la condition humaine, et de cette confrontation sereine provient une existence consciente:
"Respiciendum sobrie ad nature nostre violentas ac superbas leges: quid sumus, ubi sumus, quandiu vel hoc ipsum vel hic futuri sumus, unde funem solvimus, quem petimus portum, quos inter scopulos navigamus, quantum maris emensi sumus, quantalum est quod restat, quantum sub fine periculum, quam multi per tumidum equor incolumes, in faucibus portus et in litore perirunt; postremo quam 'grave iugum super filios Adam', non ut super colla boum alternis horis ac diebus, sed prorsus omnibus" (Fam., XIV, 14). Les traductions françaises des textes latins de Pétrarque sont les miennes.

Face à cette irrésolution sans issue mais créatrice, l'Humaniste se retranche sur lui-même. Puisqu'il ne peut se fier aux autres, il tâche de dépendre seulement de lui-même, de se former pour ne pas avoir recours à autrui. Mais cette retraite ne reste totale que dans un cadre idéalisé ; en fait, l'homme ne peut s'isoler entièrement, car il a toujours besoin de quelque autre pour subsister d'une façon digne de mérite. En outre, il lui faut se défendre d'une solitude oisive aux yeux de sa propre conscience et des autres. Cette défense obsède Montaigne et constitue sans doute un élément thématique majeur des *Essais*, spécialement dans le troisième livre.

Pétrarque avait fait de cette question le centre de son *De vita solitaria* où il posait la question de l'engagement existentiel. Il ne s'agit plus du choix entre vie contemplative et vie active ou du *contemptus mundi* médiéval. L'Humaniste doit décider entre activité civique et politique, la vie publique, et la vie des lettres qui exige réflexion et solitude. Bien qu'il semble choisir cette dernière, il opte en fait pour une confusion des deux, tout en faisant mine de mépriser la vie publique ; la vertu civique et politique se forme par l'étude, dans la vie privée.

L'homme est à la fois grégaire et misanthrope. Montaigne discute cette dualité dans "De la solitude" (I, xxxix), essai qui suit d'ailleurs "Comme nous pleurons et rions d'une mesme chose" où il allègue Pétrarque pour démontrer le mobilisme humain ; ce mobilisme le mène donc à préconiser une solitude créatrice.

Pétrarque et Montaigne décident de se passer des autres à cause du penchant humain vers le vice et non pas parce qu'ils haïssent l'homme ; par conséquent ils se retirent en eux pour faciliter une auto-correction et pour jouir le mieux possible de la vie :

> (C) Il n'est rien de si dissociable et sociable que l'homme : l'un par son vice, l'autre par sa nature ... (A) Or, puis que nous entreprenons de vivre seuls et de nous passer de compagnie, faisons que nostre contentement despende de nous.
> (I : xxxix, 233, 234)

Le but de l'auto-correction est aussi en fin de compte la correction des autres :

En fait, de la solitude je ne loue pas seulement le nom, mais les avantages qu'elle offre. Je n'aime pas tant les retraites solitaires et le silence que la paix et la liberté qu'on y trouve ; je ne suis pas si inhumain de haïr les hommes — un ordre de Dieu me commande de les aimer comme moi-même —, mais je hais les péchés des hommes et surtout les miens, et les préoccupations et les afflictions ennuyeuses qui se trouvent chez les hommes[1].

Ce recul en soi devrait mener à la sérénité spirituelle, à la jouissance, à l'amour et l'intégrité du Moi, ainsi qu'à une libération des entraves et de la corruption de la société. En apparence, Montaigne y réussit mieux que Pétrarque ; à la fin des *Essais* il semble avoir atteint une plénitude et un bien-être spirituels tandis que le poète du *Canzoniere* et l'auteur du *De vita solitaria* continue à être travaillé. Mais en fait Pétrarque et Montaigne ne résolvent leur dilemme que par une participation et à la vie publique et à la vie créatrice, un engagement en somme qui ne réfute pas la solitude mais qui au contraire en dépend. Il ne faut pas oublier qu'en plus de leur engagement dans la vie des lettres, ils participent aussi activement à la vie politique et diplomatique de leur pays. La grande différence entre les deux auteurs est que le poète se crée le rôle de l'aliéné, de l'exilé, tandis que Montaigne préfère celui de l'accusé par autrui.

Pour commencer Montaigne se forge son *arrière-boutique*, sa *cachette*, où il se recueille et se regarde ; cette retraite ne veut pas dire isolement, il va, au contraire, se construire sa propre activité : converser avec soi-même, se définir, communiquer avec ses livres et son livre, ses amis dans les livres et dans la vie, et se préparer à la mort :

Il se faut reserver une arriere boutique toute nostre, toute franche, en laquelle nous establissons nostre vraye liberté et principale

---

[1] "Neque enim solitudinis solum nomen, sed que in solitudine bona sunt laudo. Nec me tam vacui recessus et silentium delectant, quam que in his habitant otium et libertas: neque adeo inhumanus sum ut homines oderim, quos edicto celesti diligere iubeor ut me ipsum, sed peccata hominum, et in primis mea, atque in populis habitantes curas et solicitudines mestas odi". (*De vita solitaria*, in *Prose*, éd. G. Martellotti, P. G. Ricci, et al. [Milan-Naples: Ricciardi, 1955] , p. 300).

retraicte et solitude. En cette-cy faut-il prendre nostre ordinaire entretien de nous à nous mesmes, et si privé que nulle acointance ou communication estrangière y trouve place ; discourir et y rire comme sans femme, sans enfans et sans biens, sans train et sans valetz, afin que, quand l'occasion adviendra de leur perte, il ne nous soit pas nouveau de nous en passer.
    (I : xxxix, 235A)

A d'autres reprises, Montaigne développera cette oscillation entre dépendance et interdépendance dans les essais "De l'amitié" (I : xxviii) et "Des trois commerces" (III : iii).

De même, Pétrarque souligne le caractère foncièrement grégaire de la solitude humaniste : "Je suis donc la solitude mais de maniere à ne pas réfuter l'amitié et à ne pas chercher refuge seulement en moi-même ... Tout se réduit donc à ceci : à partager, comme tout autre chose, la solitude aussi avec les amis"[1]. Cette notion de solitude grégaire et créatrice ne prend pas racine chez Pétrarque qui à son tour la transmettrait à Montaigne ; elle remonte plutôt à Sénèque et Cicéron d'où, indépendamment l'un de l'autre, les deux Humanistes la tirent [2]. Son importance se trouve dans le concept paradoxal qu'elle traduit, solitude grégaire, et qui reflète par conséquent un tiraillement, une incertitude, une crise spirituelle, indice et fléau de l'Humaniste.

L'Humaniste recherche un chez soi et un en soi parce qu'il est toujours autre part ; il est attiré par une multitude de connaissances et tâche de réconcilier volupté et vertu. Il souhaite donc un abri que la solitude ne lui procure pas tout à fait, car lorsqu'il se tourne en lui-même il ne trouve pas de solutions définitives à ses tentatives épistémologiques et ontologiques mais peut-être sont-elles plus maniables et contrôlables que celles imposées par l'extérieur. Pétrarque se réfugie, lui, dans sa

---

[1]   "Sic itaque solitudinem amplector, ut amicitiam non repellam, neque fugiam etiam unum ... Tota res igitur ad hoc redit, ut sicut cetera omnia sic ipsam solitudinem cum amicis partiar" (*Ibid.*, p. 376).
[2]   "Nam de otio quidem illud Ciceronis notum: 'Quid dulcius otio literato?' Contraque, non minus illud Senece vulgatum: "Otium sine literis mors est, et hominis vivi sepultura" (*Ibid.*, p. 330).

"chambrette" pour fuir la tourbe vulgaire et pour échapper à la tourmente extérieure et intérieure :

> O cameretta, che già fosti un porto
> a le gravi tempeste mie diurne,
> fonte se' or di lagrime notturne
> che 'l dì celate per vergogna porto.
>
> o letticciuol, che requie eri a conforto
> in tanti affanni, di che dogliose urne
> ti bagna Amor con quelle mani eburne,
> solo ver' me crudeli a sì gran torto.
>
> Nè pur il mio secreto e 'l mio riposo
> fuggo, ma più me stesso e 'l mio pensero,
> che, seguendol, talor levommi a volo ;
>
> e 'l vulgo, a me nemico ed odioso,
> (chi 'l pensò mai ?) per mio refugio chero :
> tal paura ò di ritrovarmi solo.
>
> (CCXXXIV)

En fin de compte Pétrarque ne peut échapper à lui-même ; il tente donc de se saisir. La solitude devient présence d'un Moi qui s'étend aux autres :

> Je veux une solitude non seule, une oisiveté ni stérile, ni inutile, mais telle qu'elle puisse profiter à beaucoup ... je préconise des occupations dans l'oisiveté, non de celles plus volages que le vent, mais d'autres plus stables qui ne tendent ni à la fatigue ni au gain ni au déshonneur, mais au plaisir, à la vertu et à la gloire[1].

L'interprétation des auteurs de la Renaissance pose toujours la question de la sincérité et de l'ironie de leur discours, en partie à cause des contradictions qu'ils révèlent ou qu'ils sous-entendent. Le repli sur

---

[1] "Volo solitudinem non solam, otium non iners nec inutile, sed quod et solitudine prosit multis ... admitto ad otium non hec vento mobiliora, sed mansura negotia, quorum finis est non labor et questus et dedecus sed delectatio et virtus et gloria." (*Ibid.*, pp. 554, 556).

soi-même est inextricablement lié au thème de la gloire qu'ils déprécient et contre laquelle ils se défendent. Bien que Pétrarque hésite à ce sujet, il parle de ces moments honnêtes et sincères tel que celui qui est évoqué ci-dessus où il se voue sans honte à la gloire. Montaigne explicitement ne cesse de s'acharner contre la gloire :

> C'est une lasche ambition de vouloir tirer gloire de son oysiveté et de sa cachette ... Retirez vous en vous, mais preparez vous premierement de vous y recevoir ; ce seroit folie de vous fier à vous mesmes, si vous ne vous sçavez gouverner.
> (I : xxxix, 242A)

Evidemment les *Essais* et leur composition constituent le résultat évident de cet apprentissage et de cet auto-gouvernement.

Il serait trop facile de conclure que Montaigne s'oppose à la gloire ; cette notion contredirait d'ailleurs un *credo* humaniste. Montaigne opte pour une gloire de substance plutôt que de vent ; ce sujet l'obsède assez pour qu'il y consacre tout un essai "De la gloire" (II : xvi). Il condamne ce que "nous appellons agrandir notre nom" (609A), c'est-à-dire de dépendre de l'opinion d'autrui ("la voix de la commune et de la tourbe" [607B]), car "je ne me soucie pas tant quel je sois chez autruy, comme je me soucie quel je sois en moy mesme" (608A). Il s'oppose donc à la création d'un mythe de soi par simple vanité, puisque nous ne sommes responsables qu'envers nous-mêmes. Et la véritable gloire se crée non pas au moyen de vaines paroles mais d'actes significatifs qui eux mènent inévitablement à une survie, bien que souvent à l'aide de la fortune :

> Il faut aller à la guerre pour son devoir, et en attendre cette recompense, qui ne peut faillir à toutes belles actions pour occultes qu'elles soient, non pas mesme aux vertueuses pensées : c'est le contentement qu'une conscience bien reglée reçoit en soy de bien faire.
> (607A)

Il va sans dire que chez Montaigne le Moi est consubstantiel à l'écriture des *Essais* , donc "aller à la guerre pour son devoir" c'est étudier et faire valoir le Moi et par conséquent composer les *Essais* .

Un écart persiste cependant entre condition idéale et condition vécue, entre la sérénité souhaitée et la conscience ou la lucidité imposée par le devoir puisque de cette dernière résulte la présence irrémédiable de l'humaine condition et son irrésolution, présence qui finit par être surmontée et acceptée :

> Toute la gloire que je pretens de ma vie, c'est de l'avoir vescue tranquille : tranquille non selon Metrodorus, ou Acesilas, ou Aristippus, mais selon moy ... toute personne d'honneur choisit de perdre plutost son honneur, que de perdre sa conscience.
> (II : xvi, 605C, 614C)

L'Humaniste recherche une sérénité illusoire mais se régit par une conscience, ou lucidité, accablante ; par conséquent le domaine temporel dans lequel il opère est le présent[1]. Ce qu'il fait et pense dans le présent résume le passé et télescope le futur ; l'Humaniste *est* et ne sera qu'une succession de *est*. Pétrarque l'affirme catégoriquement dans son dernier triomphe, celui de l'éternité :

> non avrà loco "fu" "sarà" ned "era",
> ma "è" solo, "in presente" ; ed "ora" ed "oggi"
> e sola "eternità" raccolta e 'ntera.
> (v.v. . 67-69)[2]

L'éternité, la gloire, se réduit donc au présent, autrement dit, il n'y a pas de futur, d'éternité, sans le présent. Chez Pétrarque, l'abolition d'un triomphe par un autre, le mouvement de la vie terrestre à la vie éternelle, revient circulairement au présent. L'amour de Laure, la connaissance de soi, la création poétique — le passé, le présent et l'éternité — ne se sont jamais éloignés du domaine de l'immédiat pour s'assurer une certitude auprès de la postérité.

Or, la solitude en tant qu'évasion échoue à moins qu'on lui impose un sens, un but, car on n'échappe pas aux tourments de l'âme ; comme

---

[1]   Cf. F. Joukovsky, *Montaigne et le problème du temps* (Paris: Nizet, 1972), pp. 72-102; R. J. Quinones, *Montaigne*, in *The Renaissance Discovery of Time* (Cambridge: Harvard Univ. Press, 1972) pp. 204-242.
[2]   *Trionfo dell'eternità*, in *Opere*, éd. G. Ponti (Milan: Mursia, 1968).

l'oeil de Caïn pour Hugo, la conscience ne se trouve cernée par aucune frontière :

> Mais à quoi me sert d'être entré seul dans ces lieux, que m'ont apportés les fleuves dont j'ai suivi le cours, quelle joie ai-je d'avoir parcouru les forêts, ai-je profité d'avoir escalé les montagnes, si mon âme me suit n'importe où je vais sans avoir changé de ce qu'elle était dans la ville[1] ?

Il s'agit donc de se créer une solitude où l'on recherche le bien plutôt que la vérité ; le bien mène à une sérénité spirituelle, à une plénitude de la vie ; tandis que la quête de la vérité ne mène qu'à l'irrésolution et par conséquent à l'échec :

> Mais il est plus sage de vouloir le bien que de connaître le vrai, parce que le bien n'est jamais dépourvu de mérites tandis que le vrai est souvent en faux et n'a pas de justification[2].

Ce bien harmonise corps et âme et permet à l'homme de se faire médecin ; puisqu'il s'est guéri lui-même, il peut maintenant guérir les autres. Ce bien ne s'acquiert pas dans un but strictement égoïste ; il se transmet ensuite aux autres au moyen d'une oisiveté dédiée aux lettres. Cette solitude fait passer l'homme de l'inconscience, à l'Humanisme, et enfin à la poésie.

Le bien de Pétrarque, c'est la volupté de Montaigne. Chez ce dernier, volupté confond vertu et plaisir, et suppose un équilibre entre les deux. Cette volupté correspond à son naturalisme. Montaigne veut jouir de son être non seulement parce que c'est une loi naturelle selon lui, mais aussi afin de connaître un équilibre spirituel. Bien que ce sentiment semble prévaloir vers la fin des *Essais*, il s'ancre dès le début dans la pensée de Montaigne :

---

[1]   "Sed quid locorum solus introitus, quid ambiti behunt amnes, quid lustrate iuvant silve, quid insessi prosunt montes, si quocunque iero, animus me meus insequitur, talis in silvis qualis erat in urbibus?" (*De vita solitaria*, [p. 344]).

[2]   "Satius est autem bonum velle quam verum nosse. Illud enim merito nunquam caret; hoc sempe etiam culpam habet, excusationem non habet" ("Francisci Petrarce laureati de sui ipsius et multorum ignorantia liber incipit", in *Prose*, p. 748).

...en la vertu mesme, le dernier but de nostre visée, c'est la volupté. Il me plaist de battre leurs oreilles de ce mot qui leur est si fort à contrecoeur. Et s'il signifie quelque supreme plaisir et excessif contentement, il est mieux deu à l'assistance de la vertu qu'à nulle autre assistance. Cette volupté pour estre plus gaillarde, nerveuse, robuste, virile, n'en est que plus serieusement voluptueuse. Et luy devions donner le nom du plaisir, plus favorable, plus doux et naturel : non celuy de la vigueur, duquel nous l'avons dénommée.

(I : xx, 80C)

Dans ce cadre épicurien, la différence essentielle entre Pétrarque et Montaigne se trouve dans le manque de conflit entre corps et âme qui règne à travers les *Essais* ; une harmonie se réalise dès les premières pages et s'épanouit sur une certitude inébranlable de la plénitude de la vie, tandis que Pétrarque aboutit à cette même plénitude seulement après avoir traversé la tourmente chair-âme et sans avoir vraiment réalisé ce qui est parfaite harmonie chez Montaigne. Il serait sans doute trop simpliste d'expliquer cette différence en déclarant que Pétrarque se trouve encore pris dans des entraves médiévales qui n'agissent plus sur l'Humaniste du seizième siècle à son apogée. La réponse se trouve plutôt dans l'expérience personnelle et vécue de chaque auteur ; l'un aime une femme et aime l'amour, et les transcende tous deux par la création d'une oeuvre poétique ; l'autre s'abuse d'une auto-suffisance mais non sans sourire et la transpose en écriture.

Pétrarque et Montaigne atteignent leur harmonie respective en se couvrant de masques qui deviennent leur véritable visage. Ils se parent de la connaissance d'autrui qu'ils assimilent au besoin.

Cette parure leur permet de se déprécier pour se faire mieux valoir, et l'assimilation leur accorde une puissance génératrice dont ils sont très conscients. L'Humaniste est donc né. Pour indiquer cette transfiguration tous deux se servent du *topos* des abeilles et du miel auquel Pétrarque ajoute la métaphore de l'écharpe qui se retrouve également chez Montaigne :

Je confesse que c'est mon intention de parer ma vie de mots et du conseil d'autrui, mais non pas mon style, à moins que je ne

mentionne l'auteur ou que je n'effectue quelqu'insigne
changement, tel que par un processus alchimique les abeilles font
le miel de beaucoup de fleurs variées ; en fait, je préférerais bien
mieux que mon style fût strictement le mien (quoique singulier et
grossier), comme une cape faite sur mesure de ma propre nature,
plutôt que sur celle d'autrui, plus riche de parure ambitieuse, mais
provenant d'une plus grande source et impropre par son ampleur à
une humble taille[1].
                  (*Fam.*, XXII, 2, 16)

   La métaphore des abeilles et du miel suggère un univers fragmenté
et fragmentaire, et par conséquent composé et relatif, que l'Humaniste se
crée et avec lequel il reste aux prises sans l'embrasser tout à fait et auquel
il impose une unité originale. De cet univers multiforme ressort une
essence, le miel, c'est-à-dire le style, la manière dont on explore l'univers
épistémologique et ontologique. Face à la difficulté de sa tâche,
l'Humaniste fait alors valoir la nonchalance et la contingence de sa pensée
et de son expression. Il s'agit ensuite d'effectuer une imitation originale
de sources disparates et de se tailler ironiquement une silhouette de petite
taille dont l'ombre se projettera pourtant à travers les siècles. Cette

---

[1]   "Vitam michi alienis dictis ac monitis ornare, fateor, est animus, non stilum;
nisi vel prolato auctore vel mutatione insigni, ut imitatione apium e multis et variis
unum fiat. Alioquin multo malim meus michi stilus sit, incultus licet atque horridus,
sed in morem toge habilis, ad mensuram ingenii mei factus, quam alienus, cultior
ambitioso ornatu sed a maiore ingenio profectus atque undique defluens animi humilis
non conveniens stature". Dans les lettres familières il se trouve deux autres passages
où figure l'image de l'abeille et du miel en tant qu'originalité tirée de sources variées et
disparates: "Hec visa sunt de apium imitatione que dicerem, quarum exemplo, ex
cuntis que occurrent, electiora in alveario cordis absconde eaque summa diligentia parce
tenaciterque conserva, nequid excidat, si fieri potest" (I, 8, 23); "Standum denique
Senece consilio, quod millificant, non servatis floribus sed in favos versis, ut ex
multis et variis unum fiat; idque aliud et melius" (XXIII, 19, 13). Cette dernière
citation indique la source commune sans doute de Pétrarque et Montaigne, notamment
Sénèque, bien que l'image se retrouve aussi chez Horace. Il faut ajouter cependant qu'à
l'époque de Montaigne l'image des abeilles et du miel pourrait déjà très bien appartenir
au domaine des lieux communs. Pour une discussion de cette image c'est-à-dire
l'originalité de l'imitation, cf. U. Bosco, *Francesco Petrarca* (Bari: Laterza, 1961), pp.
128-147; R. Montano, *L'Estetica del Rinascimento e del barocco* (Naples: Quaderni di
Delta 1962), pp. 33-34; J. von Stackelberg, "Das Bienengleichnis: Ein Beitrag zur
Geschichte des Literarischen Imitatio," *Romanische Forschungen*, 68 (1956), 271-93.

désinvolture, affectée mais très recherchée, suggérée par Pétrarque s'épanouit chez Montaigne :

> Les abeilles pillotent deçà delà les fleurs, mais elles en font après le miel, qui est tout leur ; ce n'est plus thin ny marjolaine : ainsi les pieces empruntées d'autruy, il les transformera et confondera, pour en faire un ouvrage tout sien, à sçavoir son jugement ... J'ay volontiers imité cette desbauche qui se voit en notre jeunesse, au port de leurs vestemens : un manteau en escharpe, la cape sur une espaule, un bas mal tendu, qui represente une fierté desdaigneuse de ces paremens estrangiers et nonchallante de l'art.
> (I : xxvi, 150-151A, 171B)

L'apparence, le corps des connaissances, reste difforme mais l'essence, la conscience de l'homme, s'y forme.

Pétrarque et Montaigne préconisent une auto-suffisance ; ils finissent par mettre leur confiance dans un Moi à la fois écartelé et résolu. De leur irrésolution et de leur solitude grégaire naissent une conviction, une certitude et une conscience de leur tâche, sinon de leur devoir envers eux-mêmes et envers les autres. Mais la sérénité reste un idéal, donc irréalisable ; leur voyage spirituel aurait dû y mener, cependant il est la cause même de cet échec. Pétrarque se démène sans cesse, souvent avec véhémence et amertume, tandis que Montaigne tournoie, sans atterrir trop longtemps, voulant constamment aller outre. Pétrarque explore et se replie sur soi, laissant entrevoir par moments un rictus ; Montaigne se regarde, crée une distance entre des *moi*, entre des passés, et entre le présent et le passé, et de ce regard naît un sourire serein, en surface, mais essentiellement toujours angoissé. Pétrarque manie avec ferveur ses instruments épistémologiques ; Montaigne les manipule. La même maladie spirituelle ronge l'un et l'autre bien que le poète humaniste s'engage avidement et l'essayiste, poète en apparence, se laisse entraîner. Le premier se dédouble moins que le second ; l'harmonie entre l'extérieur et l'intérieur subsiste bien plus chez Pétrarque que chez Montaigne. En fin de compte, leur forme extérieure diffère mais le hérissement intérieur reste le même.

BALDASSARE CASTIGLIONE

LA CONDITION HUMANISTE

Bien que la Renaissance recherche la perfection et le locus idéal de la condition humaine, elle finit par se contenter du domaine de l'expérience. A près d'un siècle d'écart, et embrassant ainsi le Cinquecento, Castiglione et Montaigne ont tous deux affronté cette contradiction pratique et existentielle et se rendent compte que, pour éviter ce tragique dilemme, ils doivent concevoir des mesures auto-protectrices. Dans ce but, ils deviennent partisans de la *sprezzatura* ou nonchalance, d'une rhétorique au moins dialectique au lieu d'une vérité uniforme, d'un art naturalisé à la place d'une nature représentative, d'une certification du moi au lieu du rituel d'amour, d'un jugement intuitif, et d'un procédé associatif à la place d'une logique rationnelle. En somme, le but de Castiglione et de Montaigne, de manière typiquement humaniste, est de se façonner pour eux-mêmes un équilibre spirituel intérieur qui leur permette d'affronter l'épreuve de la vie et de la mort. Que Castiglione, dans son *Cortegiano* progresse de considérations apparemment ludiques sur le caractère de l'honnête homme de la Renaissance à un débat sur l'amour, ou que Montaigne commence par s'essayer, d'une façon détachée, vis-à-vis des autres pour entrer finalement dans une sujétion par rapport à l'expérience, les deux Humanistes atteignent finalement la sublimation du Moi, surtout quant à son caractère dynamique et évanescent. Par contre, la permanence de leur livre rachète, sans aucun doute, le caractère transitoire de l'homme et de la société.

Il est presque axiomatique dans le domaine de l'écriture que l'intertexte ne soit pas toujours reconnu bien qu'il soit reconnaissable. Les affinités et dettes du *Cortegiano* au *De oratore* de Cicéron ne laissent aucun doute, mais n'a-t-il pas autant en commun, de manière moins apparente, avec l'*Ars amatoria* d'Ovide ou avec les traités d'amour médiévaux ? Pour pouvoir se distinguer des autres, l'Humaniste, comme tout écrivain d'ailleurs, passe sous un silence presque total certaines de ses lectures importantes, en particulier celles du Moyen Age, ou d'autres remontant à l'Antiquité, qui représentent un apport significatif pour son imagination. Et, dans le cas de Montaigne, l'ombre de son ami défunt Etienne de la Boétie plane sur les *Essais* et a dû contribuer à déclencher la pulsion qui conduit à leur composition ; pourtant il ne lui consacre qu'un essai ("De l'amitié") et un autre consistant en une réédition de ses sonnets assez médiocres (cf. I : xxviii, xxix). Un autre exemple frappant est l'unique mention du Tasse (bien qu'il y ait plusieurs citations de son oeuvre) que Montaigne avait vu, ou prétendait avoir vu, mi-fou dans un donjon ferrarais[1]. Cette apparition foudroyante cache précisément une obsession à l'endroit de l'auteur de la *Gerusalemme liberata*, chez lequel Montaigne voit l'exemple d'un homme victime d'une prise de conscience : il s'est rendu compte qu'il était impossible de concilier idéaux et réalité quotidienne. Tandis que les *Essais*, eux, tournent autour du sujet et tentent d'en résoudre les divergences par les diversités des expériences, la *Gerusalemme liberata* ne referme pas cet abîme. Quant à Castiglione, il apparaît dans les *Essais* par deux brèves allusions qui trahissent et insinuent une plus profonde présence, et ces deux mentions suffisent à admettre l'existence d'un puissant lien entre ces deux oeuvres[2] ; elles scellent en fait des principes de base déjà mentionnés de

---

1   Voir *infra* ch. 7, note 1, p. 121.

2   "Mais l'influence de Balthasar Castiglione me paraît beaucoup plus importante que ce nombre de deux emprunts ne porterait à le supposer. Son livre est classique au XVIe siècle. On le réimprime sans cesse en italien, aussi bien en France que dans son pays d'origine, et, après Colin (d'Auxerre), Chapuis en donne une nouvelle traduction (1580) qui fut plusieurs fois réimprimée" (Pierre Villey, *Les Sources et l'évolution des Essais de Montaigne*, vol. I [Paris: Hachette,1908], p. 95). Néanmoins, dans un contexte politique et social, Castiglione n'a pas toujours été bien vu au XVIe siècle: "The *Cortegiano* was regarded by many as just another manifestation of this unwanted infiltration by the Italians of French society. Thus some of the reaction to the work is more particularly to be explained as an expression of anti-Italian feeling, itself often a reflection of the political climate" (Pauline M. Smith, *The Anti-Courtier Trend in Sixteenth Century French Literature* [Genève: Droz, 1966], p. 29). Le seul article, bref d'ailleurs, sur Montaigne et Castiglione

l'Humanisme et témoignent ainsi de sa continuité internationale d'un bout à l'autre du seizième siècle.

Or, les deux références au *Cortegiano*, considérées dans leur contexte respectif, vont droit au coeur des intérêts ontologiques humanistes, car elles se centrent sur la nécessité pour l'homme de réaliser un équilibre intérieur sans compromettre les normes de la modération. Dans l'essai "Des destriers" (I : xlviii), Montaigne se propose une situation équilibrée (une "assiette") qui laisse supposer un mouvement de progression régulier : "Je ne démonte pas volontiers quand je suis à cheval, car c'est l'assiette en laquelle je me trouve le mieux, et sain et malade" (278A). Bien qu'il préfère, pour lui-même, être à cheval, et l'essai d'ailleurs développe les multiples usages de cet animal dont dépend l'existence de l'homme, Montaigne n'oublie pas une fonction semblable pour les mules. Il s'y réfère pour insister sur la diversité des voies d'accès à l'équilibre spirituel et pour prôner également une certaine nonchalance, ou négligence, car on montait les mules en amazone sans avoir, apparemment, entièrement contrôle de sa monture. C'est à ce moment-là que Castiglione entre en scène, de manière indirecte, dans une proposition, avec en contrepoids, une autre proposition entre parenthèses, pour donner cette fois un exemple de personnes qui choisissent de monter une mule comme on monte un cheval : "Le *Courtisan* dict qu'avant son temps, c'estoit reproche à un Gentilhomme d'en chevaucher (les Abyssins, à mesure qu'ils sont plus grands et plus advancez près le Prettejan, leur maistre, affectent au rebours des mules à monter par honeur)" (281C)[1].

recherche des sources plus qu'il n'interprète; cf. Michele Ziino, "Castiglione e Montaigne," *Convivium*, 10 (1938), 56-60. Dans un contexte plus vaste mais dans une même ligne d'approche critique, voir Pietro Toldo, "Le Courtisan dans la littérature française et ses rapports avec l'oeuvre de Balthasar Castiglione," *Archiv für das Studium der neueren Sprachen und Literaturen*, 104 (1900), 75-121, 313-30; 105 (1901), 60-85.

[1] Cette référence au *Cortegiano* indique que Montaigne même après son voyage en Italie a dû lire cette oeuvre dans une traduction française, celle de Colin ou de Chappuys, qui ne transmet pas correctement le texte italien. Castiglione avait écrit: "dicono non convenirsi ai giovani passeggiar per le città a cavallo, *massimamente nelle mule*" (II, iii, 193; les italiques sont les nôtres), signifiant "surtout portant des pantoufles"; les citations du *Cortegiano* seront tirées de l'édition suivante: Baldesar

Cette référence à Castiglione, telle que Montaigne décide de l'interpréter, privilégie donc une ouverture d'esprit et une notion de différence, typiques de l'Humanisme et qui s'opposent, rhétoriquement tout du moins, à l'uniformité du passé. Montaigne ici ne s'éloigne pas de Castiglione qui déplore l'intolérance de l'ancienne génération envers la sienne alors qu'elle se sent supérieure à ses ancêtres. Au fond, les deux Humanistes prennent la défense du nouveau et de la diversité, Castiglione de manière un peu plus véhémente, car il côtoie encore le Moyen Age.

Cet équilibre intérieur peut refléter ou profiter d'une dextérité, ou mieux encore, d'une virtuosité équestre extérieure. En effet, plus la capacité de contrôler un cheval ou de faire des acrobaties est spectaculaire, plus notre équilibre intérieur est mis à l'essai et renforcé. Les deux Humanistes louent cette habileté, et puisque cette idée se retrouve chez Rabelais, par exemple, elle prend presque la porportion d'un *topos*[1]. Or, limiter sa signification à une simple louange de prouesse physique et à une adhésion continue à un idéal chevaleresque ne tient pas suffisamment compte de l'impact transformationnel, de la réécriture de la Renaissance, sur la portée sémantique de tels lieux communs.

Quand Castiglione propose cet attribut chevaleresque obligatoire, il insiste déjà sur sa valeur spirituelle en se concentrant sur la *grazia*, c'est-à-dire une force et un bien-être intérieurs aussi bien qu'une grâce physique, qui en émane : "Né di minor laude estimo il volteggiar a cavallo, il quale, abbenché sia faticoso e difficile, fa l'omo leggerissimo e destro più che alcun' altra cosa ; et oltre alla utilità, se quella leggerezza è compagnata di bona grazia fa, al parer mio, più bel spettacolo che alcun degli altri" (I : xxii, ll9)[2]. Mais quand Montaigne traite de ce sujet, il déclare sans hésitation la portée existentielle de cette activité équestre ; ce qui est proprement physique devient ici une métaphore transmettant un

Castiglione, *Il libro del Cortegiano*, éd. Bruno Maier (Turin: UTET, 1973). Au sujet de ce passage mal traduit, voir Grace Norton, *Studies in Montaigne* : New York: MacMillan, 1904), pp. 203-04; et Villey, I, pp. 95-96.

[1]   Cf. le ch. xxxv du *Gargantua*, "Comment Gymnaste soupplement tua le Capitaine Tripet et aultres gens de Picrochole."

[2]   Cf. Eduardo Saccone, "Grazia, Sprezzatura, Affettazione in the *Courtier*," *Castiglione: The Ideal and the Real in Renaissance Culture*, éds. Robert W. Hanning et David Rosand (New Haven: Yale University Press, 1983), pp. 45-67.

discours directement ontologique. Cette transformation sémantique l'emporte d'ailleurs sur un sentiment patriotique initial : "Je n'estime point qu'en suffisance et en grace à cheval, nulle nation nous emporte. Bon homme de cheval, à l'usage de nostre parler, semble plus regarder au courage qu'à l'adresse" et à moins de le manquer, le but d'une telle activité — "pour montrer la fermeté de son assiette" — refait clairement surface tout à la fin du même essai "Des destriers" (I : xlviii, 284C). Il n'est pas insignifiant que les citations ci-dessus, toutes deux tirées du dernier paragraphe de l'essai et ajoutées par Montaigne après son voyage en Italie, embrassent ce paragraphe, et qu'entre elles se trouvent une série d'exemples contemporains d'adroites acrobaties à cheval. Au moyen de ces exemples, l'Humaniste souligne la distance, certainement quelque peu manipulée et peut-être même élargie artificiellement, entre l'immobilité relative du chevalier médiéval et la virtuosité des acrobaties équestres à la Renaissance, et il illustre ainsi une fois de plus le processus de la transformation et de récupération que cette dernière période cultive. En somme, la Renaissance est fière de sa différence, épistémologique et ontologique, et, par conséquent, elle la façonne de manière à ce que cette émulation serve son but d'auto-valorisation.

L'autre instance explicite qui rapproche les *Essais* et le *Cortegiano* relève d'un principe fondamental de l'Humanisme : le plaidoyer pour le juste milieu, ou *mediocritas*. De nouveau, le fondement du contexte va glisser du littéral au figuré. En fait, une propriété caractéristique du texte de la Renaissance, sinon de tout texte littéraire, se situe dans sa virtualité, ménagée — consciemment — par l'auteur, de se déplacer ou d'alterner constamment du littéral au figuré, du descriptif à l'allégorique, en un mot : de devenir emblématique[1]. Dans l'essai "De la praesumption" qui, de manière typique, illustre également l'opposé de son titre, donc l'humilité et le juste milieu, Montaigne fait référence à Castiglione pour, soi-disant, s'excuser de sa taille physique ordinaire : "Le *Courtisan* a bien raison de vouloir, pour ce gentilhomme qu'il dresse, une taille commune plus tost que tout' autre, et de refuser pour luy toute estrangeté qui le face montrer au doigt. Mais de choisir s'il faut à cette mediocrité

---

[1]   Cf. Victoria Kahn, "Montaigne: A Rhetoric of Skepticism," *Rhetoric, Prudence, and Skepticism* (Ithaca, NY: Cornell University Press, 1985), pp. 115-51.

qu'il soit plus tost au deça qu'au delà d'icelle, je ne le ferois pas à un homme militaire" (II : xvii, 623C). Bien sûr, Montaigne manipule Castiglione pour ses propres besoins, afin de se valoriser tout en voulant donner l'impression d'être en léger désaccord avec son confrère italien. Il préférerait voir un homme grand et fort comme soldat, et cette préférence relativise, redimensionne, le modèle italien. Mais située dans le contexte des *Essais*, la préférence pour la haute stature renforce plutôt la signification existentielle et métaphorique de ces attributs physiques présents à travers les *Essais* .

En effet, l'Homme est jugé par rapport à sa capacité de combattre et surmonter les adversités de la vie. Et dans le texte du *Cortegiano* auquel Montaigne fait allusion, on retrouve non seulement le principe Humaniste de l'esprit ouvert mais aussi comme dans "De la praesumption," la louange de l'agilité chez un homme légèrement plus petit que la moyenne ; cet éloge dans l'un et l'autre texte veut indiquer que tout homme "mediocre" peut faire face à sa condition :

> Vegnendo adunque alla qualità della persona, dico bastar ch'ella non sia estrema in piccolezza né in grandezza ; perché e l'una e l'altra di queste condicioni porta seco una certa dispettosa maraviglia e sono gli omini di tal sorte mirati quasi di quel modo che si mirano le cose monstruose ; benché, avendo da peccare nell'una delle due estremità, men male è l'esser un poco diminuto, che ecceder la ragionevol misura in grandezza ; perché gli omini così vasti di corpo, oltra che molte volte di ottuso ingegno si trovano, sono ancor inabili ad ogni esercizio di agilità, la qual cosa io desidero assai nel cortegiano.
> (I : xx, 115)

Etre moyen, même du côté petit, veut dire garder un profil bas ; une fois de plus, la raison de cette posture est d'accéder à une fermeté : "La plus basse marche est la plus ferme" (II : xvii, 628B). Les deux Humanistes tentent de jeter une ancre entre ce flux d'instabilité et une stabilité insaisissable, entre deux extrêmes en général, car ils ne sont pas plus sûrs de leur incertitude que des choix qu'ils font. Montaigne dénomme cette condition sa cicatrice : "Je ne veux donc pas oublier encore cette cicatrice, bien mal propre à produire en public : c'est l'irrésolution" (II : xvii, 637A). De sa part, Castiglione se lamente de la même manière à cause de la variété d'opinions disponibles (I : xiii, 102)[1], et d'ailleurs en imitant le banquet socratique, le *Cortegiano* est lui-même une manifestation d'une épistémologie éclatée.

La présence d'un topos métaphorique vestimentaire à la fois chez Castiglione et Montaigne renforce la valorisation d'une ouverture d'esprit, et la plurivalence sémantique qui s'en dégage inévitablement fait apparaître la notion de *sprezzatura*[2]. En suggérant que les espérances sont souvent plus démesurées que les réalisations ou que les apparences donnent plus d'espoir qu'elles ne le devraient, Montaigne fait écho au *Cortegiano* : "On se met souvent sottement en pourpoinct pour ne sauter pas mieux qu'en saye" (III : ix, 940C). Le comte Ludovico da Canossa chez Castiglione avait aussi déployé son éloquence sur ce même aphorisme pour soi-disant s'excuser de dire tout ce qui lui passe par la tête : "Io non voglio far come colui, che spogliatosi in giuppone saltò meno che non avea fatto col saio" (I : xiii, 102C). Dans chaque cas le contexte se situe en fonction de la *sprezzatura*, ou nonchalance, et d'une libération de contraintes. Dans le *Cortegiano*, le comte spécifie la relativité d'un certain point de vue par rapport à un autre et la fluidité de jugement qui peut, par exemple, changer un vice en vertu, et il insiste sur le caractère inévitable de vérités ou de perfections cachées — qu'elles soient inventées ou naturelles. Chez Montaigne, le contexte de la métaphore vestimentaire loue en fait le concept d'un *ordo neglectus* dont le but est d'exprimer une pensée sérieuse de manière désinvolte mais en guise de spontanéité : "Et me suis veu quelque jour en peine de celer la servitude en laquelle j'estois entravé, là où mon dessein est de representer

---

[1] "... dico che in ogni cosa tanto è difficil il conoscer la vera perfezion, che quasi è impossibile; e questo per la varietà de' giudici."

[2] John C. Lapp en définissant *sprezzatura* comme irresponsabilité, spontanéité, consubstantialité, trace ce concept de Rabelais à Montaigne, à La Fontaine dans son étude *The Esthetic of Negligence: La Fontaine's Contes* (Cambridge: At The University Press, 1971), surtout p. 20. On doit d'autres excellentes pages sur ce sujet à Richard A. Lanham, *The Motives of Eloquence* (New Haven: Yale University Press, 1976), pp. 150-52. Pour *sprezzatura* considérée comme *ordo neglectus*, voir Hugo Friedrich, *Montaigne*, trad. Robert Rovini (Paris: Gallimard, 1968), pp. 350-51; et cf. Saccone, *supra* note 2, p 54.

en parlant une profonde nonchalance et des mouvemens fortuites et impremeditez, comme naissans des occasions presentes : aymant aussi cher ne rien dire qui vaille que de montrer estre venu preparé pour bien dire, chose messeante, sur tout à gens de ma profession" (III : ix, 940B). Il va sans dire que ce processus de décomposition et d'errance apparentes ne prétend pas faire ressortir un univers épistémologique ou ontologique désorganisé ; au contraire, il fait figurer les notions de variété, flexibilité, adaptabilité et mène à un plus haut niveau d'auto-conscience et d'auto-connaissance.

La métaphore vestimentaire offre la possibilité de manipuler la relation entre sincérité et affectation, entre une harmonie cohésive et une distance désabusée. Quand Montaigne relève ces rapports, il les associe et à la parole et à l'acte d'écrire puisqu'il rappelle constamment au lecteur que lui, Montaigne, et le livre ne font qu'un, sont consubstantiels. Ici, un écho au *Cortegiano* réapparaît, et de nouveau dans une addition postérieure à 1588, en progressant du plan métaphorique au niveau socio-politique :

> J'ay volontiers imité cette desbauche qui se voit en nostre jeunesse, au port de leurs vestemens : un manteau en escharpe, la cape sur une espaule, un bas mal tendu, qui represente une fierté desdaigneuse de ces paremens estrangiers et nonchallante de l'art[1]. Mais je la trouve encore mieus employée en la forme du parler. Toute affectation, nommément en la gayeté et liberté francoise, est mesadvenante au cortisan. Et, en une monarchie, tout Gentil'homme doit estre dressé à la façon d'un cortisan. Parquoy nous faisons bien de gauchir un peu sur le naif et mesprisant.
> (I : xxvi, 171BC).

Ce mélange de code ne s'insère pas seulement dans une tradition littéraire, celle de la "letteratura galatea", mais se veut aussi une aide à la lecture pour souligner la réversibilité du littéral et du figuré.

De son côté, le contexte dans le *Cortegiano* reste assez théorique. Au lieu d'une apparente négligence, Castiglione insiste davantage sur une

---

[1]   Cf. *supra* p. 49.

certaine facilité, et même une déception, et revendique la paternité d'une nouvelle formule de rhétorique : "e, per dir forse una nova parola, usar in ogni cosa una certa sprezzatura, che nasconda l'arte e dimostri ciò che si fa e dice venir fatto senza fatica e quasi senza pensarvi. Da questo credo io che derivi assai la grazia ; perché delle cose rare e ben fatte ognun sa la difficultà, onde in esse la facilità genera grandissima maraviglia. Però si po dir quella esser vera arte che non pare esser arte" (I : xxvi, 124). Superficiellement, la notion de *sprezzatura* de Castiglione frôle l'hypocrisie, mais en fait elle suppose que rien n'est naturel à l'homme qui acquiert et assimile des attributs intégraux et entièrement appris, en les mimant continuellement. Cette activité répétitive naturalise l'attribut acquis et le transforme en capacité entièrement apprise. Une telle esthétique de négligence ne découle pas d'une aspiration envers la facilité, nécessairement comme réaction à la simplicité, mais au contraire d'une conviction pour Montaigne et Castiglione, qu'un plus grand défi pour obtenir l'ordre et l'harmonie est formulé quand on part d'un semblant de désordre. Ensuite, l'ordre et l'harmonie émanent finalement d'un processus cumulatif et convergent, et non pas de l'imitation d'un modèle absolu. Ou encore, la représentation, c'est-à-dire dans ce cas la recherche de dissonances, fait qu'on apprécie davantage l'harmonie, en particulier s'il n'y a pas de clôture. La nonchalance devient par conséquent une sorte d'auto-défi et de défi envers les autres ; en cela, elle révèle une oscillation entre sincérité et jeu dans le but d'affiner et non de définir toute notion sémantique[1]. La sincérité n'est peut-être donc qu'une illusion réussie.

La relation de l'art à la nature se dégage inévitablement de la notion de *sprezzatura* qui est, elle, une apparence de négligence mais finit en fait par confondre nature et art. Chez Castiglione, cette fusion a lieu dans son concept de *grazia*, l'essence même de l'homme, qui incorpore tous les attributs acquis de l'homme, et ces attributs produisent finalement la bienséance, la mesure et l'harmonie ; par conséquent, en situant la *grazia* derrière chaque activité humaine Castiglione privilégie effectivement la

---

[1]   Cf. Richard L. Regosin, "The Name of the Game/The Game of the Name: Sign and Self in Castiglione's *Book of the Courtier,*" *Journal of Medieval and Renaissance Studies*, 18 (1988), 21-47.

fusion de l'artifice et de la nature. Le but de ce genre de fusion n'est pas seulement de permettre une réalisation complète du potentiel humain, puisque la pensée humaniste ne se fonde pas sur un processus de réduction, mais tente plutôt de saisir un sujet de manière aussi globale que possible, et à une échelle des plus larges, afin de réduire l'écart entre l'idéal et le pragmatique et entre l'expérience et la théorie. De son côté, Montaigne ne conçoit pas spécifiquement la fusion de art et nature en une seule entité, une notion intégrante, telle la *grazia* ; pourtant sa notion globale de vertu inclut tous les ingrédients éthiques et esthétiques de la *grazia*, et auxquels devraient être ajoutées la maîtrise et l'autorité de la *virtù* machiavélienne. De manière très explicite, Montaigne préconise cependant un mélange de l'art et de la nature ; l'expression tâtonnante est ici plutôt ironique : "Si j'estois du mestier, je naturaliserois l'art autant comme ils artialisent la nature" (III : v, 852C). Quoi qu'il prétende, il pratique vraiment les deux.

L'esprit de Castiglione et de Montaigne fonctionne de même manière selon une binarité contrastante ; quand leur texte présente un point de vue, un autre ou d'autres sont également notés. Ce cadre dialectique, situé dans la tradition du banquet socratique, ne veut pas dépeindre un univers fracturé ou manichéen, mais au contraire l'harmonie des opposés, le principe de la *concordia oppositorum*, pour atteindre un concept d'unité universelle et structurée, ni linéaire ou progressive, mais organique. Bien que les opposés, qui représentent l'essence même de la nature, se multiplient aisément, on est toujours libre de choisir entre eux ; ils sont expressément juxtaposés afin qu'on puisse mieux les distinguer et les définir :

> ...ma faccia un corpo solo di tutte queste bone condizioni ; di sorte che ogni suo atto risulti e sia composto di tutte le virtù, come dicono i Stoici esser officio di chi è savio ; benché però in ogni operazion sempre una virtù è la principale ; ma tutte sono talmente tra sé concatenate, che vanno ad un fine e ad ogni effetto tutte possono concorrere e servire. Però bisogna che sappia valersene, e per lo paragone e quasi contrarietà dell'una talor far che l'altra sia più chiaramente conosciuta, come i boni pittori, i quali con l'ombra fanno apparere e mostrano i lumi de' rilievi, e cosi col lume profundano l'ombre dei piani e compagnano i colori diversi

insieme di modo, che per quella diversità l'uno e l'altro meglio si dimostra, e 'l posar delle figure contrario l'una all'altra le aiuta a far quell'officio che è intenzion del pittore. (II, vii, 199) .

Dès le premier essai, Montaigne énonce que "c'est un subject merveilleusement vain, divers et ondoyant, que l'homme" (13A) ; dans ce but il recherche la "forme maistresse" de l'homme et la définit de manière atomistique : "Je fay coustumierement entier ce que je fay et marche tout d'une piece" (III : ii, 790B). Si les parties constituent l'ensemble, le résultat final d'une pensée dialectique ou d'une écriture dialogique humaniste est de produire un Moi mieux intégré.

Une problématique du dialogue se fonde sur sa portée fonctionnelle ; est-ce un moyen pour arriver à une fin ou est-ce une fin en soi : en d'autres termes, la rhétorique domine-t-elle le sujet ? Ou bien le dialogue agit-il principalement comme agent déconstructeur pour créer une unité organique acceptable ?

Toujours est-il que le dialogue, sans nécessairement subvertir un but sémantique, est l'instrument de l'évanescent, de l'évasif, en guise de moyen de communication. Ce dernier trait expliquerait sa prédominance chez les Humanistes qui préfèrent une certaine flexibilité de pensée.

Or, le dialogue se base sur une flexibilité d'expression et d'opinion. Castiglione affirme que l'art de la conversation est l'attribut fondamental du courtisan, mais refuse de régler, de codifier cet art parce que son essence même repose sur sa capacité de s'adapter à diverses circonstances et individus et, de fait, justifie bien son statut privilégié à une époque où la "trattistica" dialoguée régnait en maître, reflétant ainsi les exigences d'une époque. Dans le cas du *Cortegiano*, il n'est pas nécessaire de stipuler des règles du dialogue puisque le texte de cet ouvrage en est la pratique même ; l'ensemble de l'oeuvre est une vaste fresque illustrant le but et le jeu de la conversation[1]. L'art de la

---

[1]   "Ma in somma non bastaranno ancor tutte queste condizioni del nostro cortegiano per acquistar quella universal grazia de' signori, cavalieri e donne, se non avrà insieme una gentil ed amabile manera nel conversare cottidiano: e di questo credo veramente che sia difficile dar regola alcuna per le infinite e varie cose che occorrono

conversation reflète une *urbanitas* cicéronienne et aussi un certain scepticisme selon lequel toute opinion a un semblant de validité ; la vie de la société à Urbino ou à Montaigne devient une "entente cordiale" souriante entre des hommes d'intelligence et d'esprit qui se rencontrent et se rejoignent dans leur ignorance humaine. En fin de compte, dans le *Cortegiano*, "No opinion, however serious in itself, will be advanced seriously. All figure as counters in a debating game. The aim will not be truth but rhetorical victory. All motives will be game motives, rhetorical, ad hoc and ad hominem." [1]

Cette forme de sagesse socratique, ce sérieux jeu de joute oratoire ne revendiquant aucun véritable vainqueur se retrouve précisément dans les *Essais* et en constitue leur fondement ; ici, citations, exemples, et opinions se font concurrence, souvent en contrepoint[2]. Sur le plan théorique, Montaigne articule dans deux essais sa position au sujet de la conversation : "De trois commerces" et "De l'art de conferer" (III : iii & viii). Dans le premier il postule trois interactions humaines : avec les hommes, avec les femmes, et avec les livres, et finit par préférer la conversation avec les livres. Après avoir fait un choix de dialogue dans la première instance, dans la seconde, il fait une apologie, sinon une louange, de la forme et de la substance même de son processus de pensée : "Le plus fructueux et natural exercice de nostre esprit, c'est à mon gré la conference... J'entre en conference et en dispute avec grande liberté et facilité, d'autant que l'opinion trouve en moy le terrain mal propre à y pénétrer et y pousser de hautes racines...Les contradictions donc des jugemens ne m'offencent, ny m'alterent ; elles m'esveillent seulement et m'exercent" (III : viii, 900, 901B). Pour Montaigne et Castiglione, l'art du dialogue permet la possibilité de démanteler afin de

---

nel conversare, essendo che tra tutti gli omini del mondo non si trovano due, che siano d'animo totalmente simili" (II, xvii, 215)

[1]   Cf . Lanham, p. 146; et Thomas M. Greene, "Il Cortegiano and the Choice of a Game, *Castiglione: The Ideal and the Real in Renaissance Culture, op. cit.*, pp. 1-15.

[2]   Cf. Vivian Thweatt, "L'art de conférer: Art des *Essais*, art de vivre, " *Romanic Review*, 68 (1977), 115; et Marie-Luce Demonet-Launay, "Art de conférer: Art de raisonner (III, 8) ," *Montaigne: les derniers essais*, éd. Françoise Charpentier (Paris: Cahiers Textuels, 1986), pp. 19-29.

pouvoir reconstruire, non pas par rapport à un système déterminé mais plutôt afin de reconstituer et mettre en question ces modèles. L'Humaniste se met donc essentiellement à l'épreuve ; il s'essaie contre les autres et contre lui-même pour posséder le talent nécessaire à faire face au défi posé sans cesse par l'incertitude des mots et de leurs référents.

L'amour s'arroge d'abord le domaine des mots et devient ensuite la métaphore de l'existence ; autour de ce sujet oscille l'incertitude existentielle primordiale de ce qui est vrai ou faux. De Platon à Ficin, en passant par les Pères de l'Eglise, la littérature amoureuse, soit-elle profane, spirituelle ou mystique, se rattache, tôt ou tard, à la connaissance et à l'auto-connaissance[1]. L'amour est le sujet principal de la seconde moitié du *Cortegiano*, mais seulement après que les fondements rhétoriques, privilégiant l'élément ludique, aient été établis dans la première moitié ; cette structure démontre que le dialogue et ses qualités ludiques sont une condition préalable au but sérieux de la connaissance et de l'auto-connaissance au moyen du discours amoureux. De plus, ce qui reste propre à cette structure sémantique du *Cortegiano* est un écart irrémédiable entre le réel et l'idéal, car même si cet ouvrage, le texte, conduit à un discours sur le pouvoir spirituel et platonique de l'amour, l'expérience vécue souligne l'hégémonie de la déception : "Disse messer Federico : — Insegnatele adunque quai siano i più certi e sicuri segni per discerner l'amor falso dal vero, e di qual testimonio ella se debba contentar per esser ben chiara dell'amore mostratole —. Ripose ridendo il Magnifico : — Io non lo so perché gli omini oggidì sono tanto astuti, che fanno infinite dimostrazion false e talor piangono quando hanno ben gran voglia di ridere" (III : liv, 415). Etant donné l'incertitude relative des mots, les signes peuvent alors devenir une solution, grâce à la communication par les yeux ; pourtant, même ici, si un dialogue oculaire est établi, sa réalisation le mettrait en danger (III : lxvi, 430). Puis Castiglione remarque que l'amour est, sans qu'on s'en étonne, l'opinion des autres ; si cette opinion fait croire que deux personnes sont amoureuses l'une de l'autre, elles se sentiront obligées de le devenir. Par

---

[1]   Voir le premier volume de Michel Foucault sur son histoire de la sexualité, *La Volonté de savoir* (Paris: Gallimard, 1976).

conséquent, l'incertitude, le manque inévitable de communication, et la déception subvertissent constamment la recherche de l'amour vers lequel l'homme tend en se dépouillant de la *philautia* et en continuant à dialoguer avec lui-même et avec autrui. Finalement l'amour, et ses fonctions épistémologique et ontologique, n'est pas autant un but spécifique à atteindre qu'un processus herméneutique continu qui révèle l'ouverture de voix sémantiques inhérentes au *Cortegiano*.

Poser en principe l'ambiguïté référentielle des mots et la difficulté de communiquer est en fait une revalorisation du dialogue, pour ne pas dire une indication d'auto-louange et d'auto-justification. Castiglione construit un courtisan idéal, un château en Espagne, tout comme Montaigne crée un auto-portrait, un Moi littéraire, à travers un processus sélectif et subjectif qui privilégie toujours un moyen d'expression imaginatif et verbal. Sont-ce donc les faiblesses mêmes inhérentes aux mots qui fournissent une pulsion au dialogue, ainsi qu'à une tentative de globalité qui défient le processus de réduction ? Bien que Montaigne traite de ces problèmes sémantiques, et de l'écart entre les mots et les choses, dans des essais tels que "Des noms" (I : xlvi) et "De la vanité des paroles" (I : liv), il amalgame explicitement l'amour sexuel, l'écriture, et le savoir dans son essai "Sur des vers de Virgile" (III : v) ; peut-être n'est-il pas fortuit que les références à l'Italie et aux coutumes italiennes abondent dans cet essai, avec une fréquence telle qu'elle ne se retrouve pas trop dans d'autres essais. Montaigne fonde son discours sur l'amour par rapport au vrai et au faux, à l'insuffisance sémantique des mots et l'obsession de rhétorique enflée, à l'imagination exubérante et au processus de sélection. Cependant, tout en s'en prenant à l'hypocrisie, il plaide en faveur d'ellipses poétiques qu'il considère aussi propices à la communication ; or, la contradiction de points de vue formels et sémantiques privilégie le dialogue en tant que moyen possible pour résoudre des dilemmes : "Je me suis ordonné d'oser dire tout ce que j'ose faire...Qu'a faict l'action genitale aux hommes, si naturelle, si necessaire et si juste, pour n'en oser parler sans vergongne et pour l'exclurre des propos serieux et reglez ? Nous prononçons hardiment : tuer, desrober, trahir, et cela, nous n'oserions qu'entre les dents ? Est-ce à dire que moins nous en exhalons en parole, d'autant nous avons loy d'en grossir la pensée ?" (III : v, 822, 825B). Bien que Montaigne plaide pour qu'on s'exprime ouvertement, il préconise davantage une diversité d'opinions, c'est-à-dire un dialogisme, une équivocité à l'intérieur du dialogue. De nouveau, un processus herméneutique l'emporte sur une intention réductrice et explique le statut privilégié du dialogue comme formule rhétorique la plus efficace :

> Quand on m'a dit ou que moy-mesme me suis dict : "Tu es trop espais en figures. Voilà un mot du creu de Gascoingne. Voilà une frase dangereuse (je n'en refuis aucune de celles qui s'usent emmy les rues françoises ; ceux qui veulent combattre l'usage par la grammaire se moquent). Voilà un discours ignorant. Voilà un discours paradoxe. En voilà un trop fol. Tu te joues souvent ; on estimera que tu dies à droit ce que tu dis à feinte. — Oui, fais-je ; mais je corrige les fautes d'inadvertence, non celles de coustume. Est-ce pas ainsi que je parle par tout ? me represente-je pas vivement ? suffit! J'ay faict ce que j'ay voulu : tout le monde me reconnoit en mon livre, et mon livre en moy."
> (III : v, 853BCB)

Le point de vue ludique, les contradictions, et les paradoxes semblent subvertir le texte, mais ils cristallisent en fait des unités sémantiques et échafaudent de plus vastes concepts circulant à travers l'essai ou les essais.

Le sourire pénétrant et latent de Montaigne produit un climat ironique qui manipule le sujet et le lecteur pour se concentrer davantage sur le(s) sens ; l'ironie et le dialogue se croisent pour renforcer à la fois l'intégralité sémantique et la polyvalence. Similairement, les protagonistes de Castiglione rient à maintes reprises soit quand ils commencent un discours, soit quand ils réagissent à celui d'un autre. Ces nombreuses occurrences confèrent au rire, dans le *Cortegiano*, une fonction sémantique très précise. A un niveau, il prétend désamorcer le contenu en créant un contexte et une ambiance enjoués ; par ailleurs, il intervient pour réfuter tout aussi bien ce qui vient d'être énoncé[1]. Or, un

---

[1]   Pour le jeu des miroirs, voir Marianne Shapiro, "Mirror and portrait: The Structure of *Il libro del Cortegiano*," *Journal of Medieval and Renaissance Studies* 5 (1975), 37-61.

objectif considérable du rire dans le *Cortegiano* consiste à mettre en question une opinion pour fournir une pulsion à la suivante. Le rire devient ainsi une force génératrice de la plurivalence sémantique. A la Renaissance, le rire est plus étroitement apparenté à l'ironie, à ses inversions de sens, qu'à une simple exubérance ludique, bien qu'un objectif n'écarte pas nécessairement l'autre ; le danger se situe plutôt dans la tentative d'en nier un pour privilégier l'autre.

Si le dialogue et le rire/ironie déconstruisent le savoir pour reconstruire une épistémologie multivoque et fournissent ainsi un fondement solide pour rapprocher Castiglione de Montaigne, le discours sur l'amour et sa souche platonicienne servent d'indicateur permettant de mesurer la distance temporelle entre ces deux Humanistes, non pas dans la différence du but qu'ils cherchent à atteindre, mais à la différence des moyens utilisés. Dans ce contexte, on continue à supposer une doctrine fondamentale de l'Humanisme, à savoir la valorisation et l'authentification du Moi au moyen d'un mouvement qui démontre les démarches de ce moi aboutissant à son essence ; le texte est évidemment l'élaboration de ce mouvement dont un des sens chez Montaigne se trouve dans la conception de la durée. Pour sa part, Castiglione dans le *Cortegiano*, en traçant une courbe ascendante à partir de l'amour terrestre vers l'amour divin et spirituel, suit un modèle strictement platonicien. Cette démarche indique toujours une perspective typique de la Renaissance, tout du moins à la surface, bien que dans le cas de Castiglione l'authenticité de son appartenance à une telle idéologie puisse être autant formelle que réelle. Quant aux *Essais*, ils convergent plutôt vers une valorisation égocentrique de l'expérience, comme l'illustre le titre du dernier essai (III : xiii). Et quand l'amour avec toutes ses dimensions épistémologiques et ontologiques occupe la scène centrale, c'est l'amour sexuel qui attire toute l'attention, en particulier dans "Sur des vers de Virgile" (III : v), prenant ainsi une voie opposée à celle du *Cortegiano*[1].

---

[1]   Cf. Barbara C. Bowen, "Montaigne's Anti-phaedrus: 'Sur des vers de Virgile'," *Journal of Medieval and Renaissance Studies*, 5 (1975), 107-21; dernièrement cet essai attire l'attention critique par un autre biais, cf. Floyd Gray, "Eros et écriture: sur des vers de Virgile," *Le Parcours des Essais*, éd. M. Tetel et M. Masters (Paris: Aux

Il est vrai que Montaigne, dans son essai "De l'amitié" (I : xxviii), loue l'idée d'une parfaite union spirituelle entre deux êtres, mais précisément il ne la dénomme pas amour. Il reste donc, en effet, une distance superficielle entre Montaigne et Castiglione, distance qui pourrait bien révéler les deux pôles herméneutiques de l'Humanisme : le Platonisme et le rationalisme.

Pour tenter de réduire le conflit intérieur, chaque Humaniste opère dans le contexte des contraintes philosophiques et culturelles de son époque, le Platonisme pour Castiglione et le pragmatisme rationnel pour Montaigne, et reste ainsi en harmonie parfaite avec lui-même. Ce n'est pas le cas du Tasse qui, en tentant de transférer et d'appliquer des idéals purs d'une autre ère à la sienne, de s'accommoder à la contre-réforme, manqua son but, perdit l'esprit et s'en trouva aliéné. Cette dernière condition, manifestant l'échec d'une réconciliation, n'est pas passée inaperçue de Montaigne, surtout dans le domaine de la politique.

Une histoire de l'Humanisme, entre autres, est un discours entièrement fondé sur une obsession de l'Histoire et de l'autorité du passé, soit-il un dialogue entre le présent et le passé, ou entre l'individu et son gouverneur politique. Ces dialogues et rapports jouent réciproquement et très étroitement avec l'abîme entre l'idéal et la réalité, entre la théorie et la pratique, et entre la cause et l'effet. Puisque la tâche de l'Humaniste, de Castiglione et de Montaigne, est de se frayer un chemin à travers des positions ou des points de vue apparemment irréconciliables, il s'agit donc, de leur part, d'un discours d'accommodation en guise de divergences. En fait, l'Humaniste se veut architecte de ponts, sinon de passerelles.

Le rapport du passé avec le présent est considéré comme analogue à celui de la jeunesse avec l'âge mûr. Cependant l'idéalisation du passé, de l'Antiquité, est subvertie par la réduction à une échelle humaine qui transcende le temps[1] ; il y a de nos jours, dit Castiglione, des hommes et

---

Amateurs de Livres, 1989), pp. 269-78; la note 1 de cette étude donne un aperçu des travaux récents sur cet essai .

[1]   Parmi d'autres idéaux, Castiglione pourrait avoir à l'esprit "the ancient *kalokagathia, the conception of the gentleman as both ethical agent and an artistically structured self, the man in whose actions there is no separation of what is good from*

des femmes qui ont les mêmes vices et vertus que Cléopâtre et Sémiramis, ou que César et Scipion (III : xxxvi-xxxvii, 389-91). Par conséquent, il ne s'agit plus de la supériorité ou de l'infériorité entre le passé et le présent, ou entre hommes et femmes, mais plutôt du rapport didactique qui s'est établi entre ces deux espaces temporels. Aussi faut-il se souvenir que le courtisan, soit-il homme ou femme, n'est pas en soi, mais est constamment en train de se former : "atteso che sempre sono state al mondo, ed ora ancor son, donne così vicine alla donna di palazzo che ho formata io, come omini vicini all'omo che hanno formato questi signori" (III : xxi, 365-66). Or, préconiser un devenir incessant élimine une différenciation temporelle et spatiale, car cette condition privilégie un Moi profond équilibré qui ne peut se réaliser que par une vive intelligence, et un tel état spirituel peut se matérialiser à n'importe quelle étape de la vie :

> Così adunque come in un giovane la gioventù riposata e matura e molto laudevole, perché par che la leggerezza, che è vizio peculiar di quella età, sia temperata e corretta, così in un vecchio è da estimare assai la vecchiezza verde e viva , perché pare che 'l vigor dell'animo sia tanto, che riscaldi e dia forza a quella debile e fredda età e la mantenga in quello stato mediocre, che è la miglior parte della vita nostra.
> (II, xvi, 214).

Pourtant, le croisement fécond entre le passé et le présent, valorisant l'échelle humaine et menant au-delà des limites temporelles et spatiales, pourrait éliminer l'idéalisation du passé, et le poids obsessionnel de ce dernier, mais ce croisement peut créer à sa place une idéalisation du présent que, bien sûr, le contexte continuellement relativiste du texte même atténue sensiblement. De plus, on ne voit pas très clairement jusqu'où une pulsion auto-génératrice inhérente au texte, et manipulée par Castiglione, contribue toujours à, ou constitue l'essence

---

what is beautiful" (Joseph A. Mazzeo, *Renaissance and Revolution: The Remaking of European Thought* (New York: Random House, 1965), p. 133; cf. Glyn P. Norton, *Montaigne and the Introspective Mind* (La Haye: Mouton, 1975), p. 20.

même d'un dialogue en cours, puisque, ici, et pour le moment, une vieillesse "verde e viva", modérée, est valorisée.

Dans la pratique, l'Histoire ne réussit pas toujours à éduquer, seule la conduite exemplaire le fait. Or, ne nous fixons-nous pas sur des héros qui reflètent ce que nous sommes déjà ou ce que nous savons vouloir être ? Montaigne aussi a ses héros : Alexandre, César, Homère, c'est-à-dire des hommes d'action et des poètes, mais il admire plus que tous, pour son humanité, Epaminondas, le général grec (cf. "Des plus excellens hommes" [II : xxxvi]) ; de nouveau, des éléments humains et des qualités morales l'emportent sur des critères ou un savoir scientifiques. En théorie, Montaigne préconise une science de l'Histoire, valorisant ainsi le passé, mais en des termes si parfaits, d'envergure si vastes, qu'en pratique ce genre d'Histoire existe rarement : "Qu'ils estalent hardiment leur eloquence et leurs discours, qu'ils jugent à leur poste ; mais qu'ils nous laissent aussi dequoy juger après eux, et qu'ils n'alterent ny dispensent, par leurs racourcimens et par leurs chois, rien sur le corps de la matiere : ains, qu'ils nous la r'envoyent pure et entiere en toutes ses dimentions" (II : x, 397A)[1].

En fait, l'écriture de l'Histoire est un acte de jugement — de choix, d'interprétation, et de distorsion — pratiquement impossible à cause de préjugés. Aussi certains historiens utilisés par Montaigne confirment cette pratique (Guichardin, Guillaume Du Bellay, cf. II : x, 398-400), car ils reflètent à la surface des opinions motivées par des préjugés ou par des intérêts personnels[2]. Naturellement puisque les chroniqueurs n'entrent pas dans cette catégorie, ils sont reclassés comme historiens "fort simples" plutôt ou comme non-historiens, suivant la définition ci-dessus. En outre, Montaigne ne laisse plus aucun doute sur le rôle de l'Histoire,

---

[1] Le sujet de Montaigne et l'histoire a récemment attiré l'attention de la critique; entre autres, voir Géralde Nakam, *Montaigne et son temps: Les événements et les "Essais"* (Paris: Nizet, 1982) et du même auteur *Les "Essais" de Montaigne: Miroir et procès de leur temps* (Paris: Nizet, 1984); Lawrence Kritzman, "Montaigne et l'écriture de l'histoire," *Oeuvres et Critique*, 8 (1983), 103-13; *Montaigne et l'Histoire*. Actes du Colloque de Bordeaux 1988. éd. Claude-Gilbert Dubois (1991). Pour une étude plus générale, voir Claude-Gilbert Dubois, *La Conception de l'histoire en France au XVIe siècle* (Paris: Nizet, 1977).

[2] Cf. *infra* le chapitre sur Guichardin, pp. 97-107.

et par ce biais il place au premier plan la valorisation du Moi et du présent : "l'homme en general, de qui je cherche la cognoissance, y paroist plus vif et plus entier qu'en nul autre lieu, la diversité de ses conditions internes en gros et en destail, la varieté des moyens de son assemblage et des accidents qui le menacent" (II : x, 396C). Pour Montaigne et Castiglione, il n'y a donc pas de retour au passé en fonction du présent et surtout en fonction du développement du Moi. Seul un passé idéalisé existe, puis se désintègre face à un Moi insatiable. Par conséquent, pour l'Humaniste, le temps est, dans un sens, immobile, c'est-à-dire, que le temps chronologique, absorbé dans un organisme kinésique — l'homme — cède à un temps psychologique qui efface les contradictions temporelles et figure comme une *stasis* presque comparable à l'*ataraxie* tant souhaitée[1].

Les personnages du *Cortegiano* forment le courtisan, et le courtisan, selon Castiglione, doit former le prince, tout comme les lectures et les expériences forment Montaigne l'écrivain qui est aussi le premier lecteur des *Essais* , et ensuite Montaigne l'essayiste domestique un profane, le lecteur. Ces efforts, cette volonté de construire une osmose entre le Moi et l'autre, tentent de combler l'espace entre fiction et réalité, entre imitation et invention, entre le processus créateur et les questions épistémologiques et ontologiques que se pose l'Humaniste. Ces comblements d'espace se réalisent au moyen de la spécularité : l'Humaniste qui se regarde en train de se regarder. L'objectif d'une telle condition est de parvenir à un jugement critique, à une ouverture d'esprit, en d'autres termes, au degré le plus élevé possible de lucidité. L'Humaniste atteint ce but en représentant un univers fragmenté et en manipulant les différences qui en résultent.

L'élaboration de la parfaite courtisane fournit un exemple de ce principe humaniste herméneutique dont la validation repose en fait sur son éventuel effet pratique sur le Moi ; de plus, ce genre d'argumentation

---

[1]   Pour l'étude du temps chez Montaigne, voir Françoise Joukovsky, *Montaigne et le problème du temps* (Paris: Nizet, 1972); Ricardo J. Quinones, *The Renaissance Discovery of Time* (Cambridge: Harvard University Press, 1972), pp. 204-42; Marcel Conche, "Le Temps dans les *Essais*," *Bulletin de la Société des Amis de Montaigne*, 25-26 (1978), 11-28.

pluraliste et manipulateur énonce une définition de l'imitation fondée sur une affinité d'esprit et sur la notion de choix et non sur le concept d'un modèle idéalisé. Gaspar Pallavicino, un des protagonistes du *Cortegiano*, se demande si les femmes peuvent être parfaites ; après tout, il n'est pas nécessaire d'être misogyne pour se rendre compte que les femmes sont aussi imparfaites que les hommes. Giuliano de' Medici rétorque alors que tout doit être jugé selon sa propre forme : femmes avec femmes, hommes avec hommes, pierre avec pierre ; il ajoute aussi en riant que si les plus faibles de corps sont censés être bons philosophes et les plus forts meilleurs dans la bataille, cela veut-il dire que les femmes sont de bons philosophes (III : ix-xiii, 347-53) ? Cette dernière remarque veut subvertir le discours pour le laisser ouvert, c'est-à-dire indécis et multivoque. Finalement, le but du banquet socratique, dans le *Cortegiano*, est l'auto-connaissance ; par conséquent, Pallavicino peut soutenir que s'il pouvait enseigner toutes les vertus à son prince, il serait lui-même le modèle du courtisan. Par cette auto-référence, il relie fiction et réalité ou détruit vraiment la barrière artificielle entre les deux et valorise le Moi avant tout : "Sono ancor molte altre virtù tutte giovevoli, ma basti per or l'aver detto insin qui ; ché s'io sapessi insegnar al mio principe ed instituirlo di tale e così virtuosa educazione come avemo disegnata, facendolo, senza più mi crederei assai bene aver conseguito il fine del bon cortegiano" (IV : xxviii, 483).

L'intégralité organique et l'ouverture du texte résultent d'un concept d'imitation fondé sur la plurivalence et la multiplicité de sources ; la diversité et la dissimilarité contribuent et convergent sur cette structure de montage. Le *Cortegiano* et les *Essais* illustrent tous deux cette poétique humaniste qui s'impose. Castiglione y ajoute la notion de l'attraction naturelle d'un esprit vers un autre ayant les mêmes affinités : "...quasi sempre per diverse vie si po tendere alla somità d'ogni eccellenzia. Né è natura alcuna che non abbia in sé molte cose della medesima sorte dissimili l'una dall'altra, le quali però son tra sé di equal laude degne...se l'omo da sé non ha convenienza con qualsivoglia autore, non sia ben sforzarlo a quella imitazione" (I : xxxvii, 147, 149). De son côté, Montaigne, au moyen de la métaphore de l'abeille omniprésente à la Renaissance, définit l'"organicité", c'est-à-dire la structure de montage, de son oeuvre à un niveau stylistique et en fonction du Moi : "Les abeilles pillotent deçà delà les fleurs, mais elles en font après le miel, qui est tout leur ; ce n'est plus thin ny marjolaine : ainsi les pieces empruntées d'autruy, il les transformera et confondera, pour en faire un ouvrage tout sien, à sçavoir son jugement. Son institution, son travail et estude ne vise qu'à le former" (I : xxvi, 150-51A)[1]. L'autre et le Moi, l'imitation et l'invention sont simplement quatre pôles sur un même axe ; dépendre des autres a pour but de certifier le Moi et le texte qu'il a produit[2]. Pourtant, intrinsèquement cette exemplarité humaniste, côtoyant l'auto-glorification et l'auto-suffisance, aurait une certaine stérilité si elle ne comprenait pas toujours, au coeur du texte, une fonction didactique fondamentale[3].

Une doctrine fondamentale de l'Humanisme est la production d'une vérité voilée, anti-philosophique c'est-à-dire anti-systématique, afin de valoriser un point de vue relativiste menant à une indépendance de choix et de jugement qui ne prétend pas discerner clairement la vérité. En fait, cette suggestion d'une sorte de moralité circonstantielle rappelle quelque peu la casuistique jésuite du dix-septième siècle. Pour atteindre cet herméneutisme relativiste, les Humanistes, comme Castiglione et Montaigne, préconisent les paradoxes, pratiquent la *concordia oppositorum*, et se complaisent à subvertir leurs propres édifices sémantiques fondés sur une rhétorique qui se veut persuasive.

Mais ils ont tendance à ébranler ces édifices par une déclaration finale de leur discours qui annule en grande partie les arguments précédents, ou tout du moins les met en question. Cette trajectoire rhétorique ne révèle pas seulement une auto-critique, une intelligence qui s'affine constamment, mais elle marque également une ironie qui reflète

---

[1]   Pour l'ubiquité de l'image de l'abeille chez les Humanistes, voir *supra* le chapitre sur Pétrarque, p. 48, note 1.
[2]   Cf. le chapitre 3, "La Relation à autruy," de Jean Starobinski, *Montaigne en mouvement* (Paris: Gallimard, 1982).
[3]   Castiglione espère aussi que les princes de la Renaissance suivront l'exemple des Anciens qui avaient déjà leurs propres modèles : " i quali (Anciens), se ben in qualche cosa erravano, non fugivano però i ricordi e documenti di chi loro parea bastante a correggere quegli errori, anzi cercavano con ogni instanzia di componer la vita sua sotto la norma d'omini singulari" (IV, viii, 455).

un sourire inquiet face à une certaine incapacité de pouvoir embrasser toute intégrité sémantique. Dans les *Essais*, cette stratégie de mise en question se remarque de manière microcosmique dans chaque isotopie d'argument, de même que dans le *Cortegiano*, ou bien de manière macrocosmique tout à la fin d'un essai. Un des exemples les plus connus de ce genre de *coda* se trouve dans "Des cannibales" ; ici, après avoir tout aussi bien fait la louange du bon sauvage que l'avoir regardé d'un oeil critique, Montaigne s'exclame : "mais quoy, ils ne portent point de haut de chausses!" (I : xxxii, 213A). Cette remarque finale remet en question une certaine intégrité sémantique de l'essai puisque le concept du bon sauvage est à la fois maintenu et subverti, selon la perspective ou le code appliqué au texte. Le lecteur se trouve donc face à des choix plurivalents[1].

Un Platonisme originel basé sur une épistémologie socratique relie Castiglione à Montaigne ; ils sont attirés par une présentation multivoque d'arguments, ce qui leur permet de penser au-delà des contingences quotidiennes. Montaigne s'appuie sur un stoïcisme contrôlé et sur l'"inscience" : "La vraye liberté, c'est pouvoir toute chose sur soy... Je dis pompeusement et opulemment l'ignorance, et dys la science megrement et piteusement, accessoirement cette-cy et accidentalement, celle là expressément et principalement. Et ne traicte à point nommé de rien que de rien, ny d'aucune science que de celle de l'inscience" (III : xii, 1022B, 1034BC). Réfutant la connaissance apprise, la science, qu'il dépeint comme pure ignorance, Montaigne choisit plutôt l'inscience, la certitude que cette connaissance est impossible.

Si la substance sémantique est maigre, la rhétorique verbale est bien abondante, et reste de fait la matière tangible principale : la substance créatrice, poétique, même des *Essais* . Le rien, à cause de la condition éparse et fragmentée de la science épistémologique, est en même temps la seule chose (*res*), étant donné qu'une compréhension, une saisie totale,

---

[1]   L'ouverture de fins d'essais a été étudiée par François Rigolot, "Défis à la rhétorique (II): sortie de matière," *Les Métamorphoses de Montaigne* (Paris: Presses Universitaires de France, 1988), pp. 131-49; et Marcel Tetel, "Les fins d'essais: Mise en question ou début du convaincre," *La Rhétorique dans les "Essais" de Montaigne* (Paris: Champion, 1985), pp. 191-98.

n'est simplement pas à la portée humaine. Et de son côté, la création d'un courtisan modèle, homme ou femme, n'est-elle pas une représentation, un édifice verbal imaginaire construit en fantaisie ? Elle n'en est pourtant pas moins réelle, scripturalement. Un exercice, une expérience — sublimée : un passe-temps sérieux, un idéal.

Face à un univers fragmenté, Castiglione et Montaigne se replient sur eux-mêmes. La sublimation néo-platonicienne à la fin du *Cortegiano* n'est pas autant une spiritualisation du Moi, une idéalisation de la condition humaine, qu'une apologie pour un ordre et une harmonie qu'on peut atteindre seulement au moyen d'une auto-correction incessante, à travers l'écriture, et d'une circularité spéculaire — d'où le caractère ouvert de cette oeuvre.

Ce redimensionnement du contexte Humaniste, en fonction de l'écriture, suggéré par Castiglione, qui se trouve toujours retenu par une théologie et une culture dominantes, devient plus explicite chez Montaigne, qui, lui, vient se poser sans hésitation sur sa lyre orphique, discours d'ailleurs des toutes dernières lignes des *Essais* , jusqu'à ce qu'il recommence à se récrire et à continuer ses allongeails[1]. Une rhétorique voulant à la fois persuader et mettre en question prédomine et coexiste avec un Moi tournant sur lui-même. Or, en manipulant le domaine épistémologique au moyen d'une argumentation dialectique et d'une écriture se déployant par un principe d'association, et en faisant preuve d'une lucidité limpide vis-à-vis des limites de leur entreprise par le biais de la *sprezzatura* et d'un recul parfois ironique et ludique, le courtisan d'Urbino et le gentilhomme de Montaigne défient un ordre universel mimétique, transgressent ainsi la condition humaine, et affirment plutôt leur situation Humaniste.

---

[1]   Cf. Wayne A. Rebhorn, "The Enduring Word: Language, Time and History in *Il libro del Cortegiano," Castiglione: The Ideal and the Real in Renaissance Culture,* op.cit. pp. 69-90.

IV

NICCOLÒ MACHIAVELLI

ETHIQUE, POLITIQUE, ET HUMANISME

Tel Pascal, on ne peut prétendre traiter un nouveau sujet mais espérer en offrir une adaptation différente. Il va sans dire que beaucoup d'encre a coulé au sujet de Montaigne et de Machiavel. La plupart du temps pour déterminer selon un concept commun, simplifié, et trop souvent prédominant, du Machiavélisme, si Montaigne est machiavélien ou pas[1].

---

[1] Une étude quelque peu approfondie, mais parfois prolixe, sur un Montaigne machiavélien a été faite par Alexandre Nicolaï "Le machiavélisme de Montaigne," *Bulletin de la Société des Amis de Montaigne*, (1957),11-21; 5-6 (1958), 2-8; 9 (1959), 18-30. Nicolaï par conséquent prend position contre Pierre Villey qui avait dépeint un Montaigne anti-machiavélien dans *Les Sources et l'évolution des Essais de Montaigne*, I, pp. 47, 137. Ce dernier point de vue, situé dans une plus vaste perspective humaniste est reprise par Jean-Yves Pouilloux, *Lire les "Essais" de Montaigne* (Paris: Maspero, 1969), p. 74; cf. aussi Pierre Goumarre, "Contre un faux Montaigne," *Rivista di Letterature Moderne e Comparate* (1971), 37-38, et par le même auteur "La morale et la politique: Montaigne, Cicéron et Machiavel," 50 (1973), 287. Comme l'a indiqué Pierre Michel, la relation Machiavel-Montaigne a besoin d'être considérée dans un plus grand cadre: "Machiavel l'intéresse; il admire sa subtilité et son aisance à démêler les jeux de la politique, matière complexe, où le vrai et le faux perdent leur sens, où le discours affronte le discours sans qu'aucun juge ne puisse décider en faveur de l'un ou de l'autre" ("Les deux voyages de Montaigne: l'Amérique et l'Italie des rêves," *Dante* [Revue de Culture Latine], [1935], 260); et plus tard encore: "le Montaigne avide de dénoncer les fausses apparences des vertus humaines pouvait se réjouir de la perspicacité de Machiavel, qui fortifiait son scepticisme naissant" ("La Boétie, Montaigne et Machiavel," *Bulletin de la Société des Amis de Montaigne*, 21 [1962], 58; une première version de cet article avait déjà été publiée dans *Dante* [1935], 57-63). Quand cette première version a paru, Michel fut repris par Sébastien Camugli, "Montaigne et Machiavel," *Dante* (1935), 113-15; Michel rétorqua alors avec son article "Les deux voyages de Montaigne". D'ailleurs les études sur Montaigne et Machiavel ne cessent d'attirer l'attention de la critique; cf.

Naturellement la comparaison entre ces deux Humanistes serait une tâche plus facile s'il y avait une entente au sujet de la véritable personnalité de Machiavel. Est-il vraiment l'auteur rusé et immoral pour qui la fin justifie les moyens, comme l'indiquerait *Le Prince* ? Peut-être, mais seulement par endroits :

> Onde è necessario a uno principe, volendosi mantenere, imparare a potere essere non buono, e usarlo e non l'usare secondo la necessità... Et etiam non si curi di incorrere nella infamia di quelli vizii sanza quali e' possa difficilmente salvare lo stato ; perché, se si considerrà bene tutto, si troverrà qualche cosa che parrà virtù, e seguendola sarebbe la ruina sua, e qualcuna altra che parrà vizio, e seguendola ne riesce la securtà e il bene essere suo. (49)[1]

En fait, ce qui imprègne *Le Prince* est la notion que le souverain doit toujours être un homme d'action et s'adapter à l'époque et au hasard de la fortune ; la flexibilité rejette la rigidité et ainsi reflète davantage l'Humaniste, le républicain que le tyran. Or, si on préfère le Machiavel astucieux et même sournois du *Prince*, il reste cet autre Machiavel des *Discorsi* qui offre des exposés aux points de vue multiples littéralement et spirituellement semblables aux *Essais* de Montaigne[2]. Il y a donc plus

Donald R. Kelley, "Murd'rous Machiavelli in France: A Post Mortem," *Political Science Quarterly*, 85 (1970), 545-59; Marc Blanchard, "The Lion and the Fox: Politics and Autobiography in the Renaissance," *Notebooks in Cultural Analysis*, 1(1984), 53-66; Zachary S. Schiffman, "Montaigne and the Problem of Machiavellism," *Journal of Medieval and Renaissance Studies*, 12 (1982), 237-58; Philippe Desan, *Naissance de la Méthode* (Paris: Nizet, 1987), pp. 43-61; 115-35.
[1] Niccolò Machiavelli, *Il Principe* in *Tutte le opere*, éds. Francesco Flora et Carlo Cordié (Milan: Mondadori, 1950),p. 49; dorénavant les citations du *Prince* et des *Discorsi* seront tirées de cette édition.
[2] "... some [essais] have a little of the flavor of Machiavelli's *Discourses*" (Donald M. Frame, *Montaigne's Discovery of Man: The Humanization of a Humanist* [New York: Columbia University Press, 1955], p. 39); ou bien encore "Sono proprio i *Discorsi* del Machiavelli a fornire a Montaigne lo spunto di manifestare il suo pensiero sull'argomento [l'expérience en elle-même ne suffit pas comme moyen de connaissance]" (Anna Maria Battista, "sul 'Machiavellismo' di Montaigne," *Alle origini del pensiero politico libertino. Montaigne e Charron* [Milan: Giuffrè, 1966], p. 11). On a remarqué des rapprochements entre le premier essai du livre I "Par divers moyens on arrive à pareille fin" et les *Discorsi* 19-22 du livre III, surtout le 20ème,

d'un Machiavel, et l'on peut se demander auquel Montaigne doit être comparé.

La validité d'une étude comparée entre Montaigne et Machiavel est basée sur le fait que l'auteur des *Essais* montre une connaissance du *Prince* et des *Discorsi*, ou cite les deux, et sur l'intérêt commun de ces auteurs pour des thèmes humanistes comme la fortune, la vertu, la cruauté, l'histoire et la libéralité. Quant aux citations de Machiavel dans les *Essais*, on doit distinguer entre l'opinion de Montaigne sur Machiavel et son opinion sur le machiavélisme, car l'attitude envers l'un ou l'autre peut être tout à fait différente. Cependant, la distinction peut gagner en complexité à cause de l'ironie profonde qui se profile à travers les *Essais*. Par contre, une étude thématique et comparée permet de contribuer à une définition et à une évolution de l'Humanisme. En d'autres termes, l'opinion exprimée par Montaigne sur Machiavel reflète davantage celle qui prévalait à la fin du seizième siècle que son avis personnel sur l'auteur du *Prince*. Montaigne juge davantage le machiavélisme que Machiavel lui-même, car il faut rappeler que l'auteur des *Essais* émet parfois sur ses contemporains des jugements surprenants ou voilés.

De manière spécifique ou même parfois allusive, Machiavel n'est mentionné que trois fois dans les *Essais*. Dans sa référence la plus succincte, Montaigne doit faire allusion au traité de Machiavel sur l'art de la guerre, mais aussi à l'ensemble de son oeuvre ; l'essai "Observations sur les moyens de faire la guerre de Julius Caesar" (II : xxxiv) débute par une liste de personnalités, à partir de l'Antiquité jusqu'à la Renaissance, avec leur livre favori :

> On recite de plusieurs chefs de guerre, qu'ils ont eu certains livres en particuliere recommandation : comme le grand Alexandre, Homere ; [C] Scipion l'Aphricain, Xenophon, [A] Marcus Brutus, Polybius ; Charles cinquiesme, Philippe de Comines ; et dit-on de ce temps, que Machiavel est encores ailleurs en credit ; mais le feu Mareschal Strossy, qui avoit pris Caesar pour sa part,

"Donde nacque che Annibale con diverso modo di procedere da Scipione fece quelli medesimi effetti in Italia che quello in Ispagna" (cf. Hugo Friedrich, *Montaigne*, pp. 161-63).

avoit sans doubte bien mieux choisi : car à la verité, ce devroit
estre le breviaire de tout homme de guerre, comme estant le vray
et souverain patron de l'art militaire.
(II : xxxiv, 713AC)

Montaigne retourne spécifiquement à ce traité dans son *Journal de
voyage en Italie*, quand, pendant son séjour à Florence il laisse entendre
son accord avec la position de Machiavel critiquant l'utilisation de
l'artillerie pendant la guerre : "Quanto al fatto di guerra [il signor Silvio
Piccolomini], spregia assai l'artiglieria : e in questo mi piacque molto.
Loda il libro della guerra di Machiavelli, e segue il sue opinioni."[1] Les
Humanistes préfèrent l'épée au canon, comme on peut aussi le voir dans
l'oeuvre de Rabelais par exemple, parce que le duel permet à l'homme de
démontrer un courage viril et un semblant de contrôle sur le combat,
tandis que l'artillerie est aveugle et abusivement destructrice[2].

Par ailleurs, la seule fois où Montaigne fait allusion au *Prince*, il
parle en fait des "machiavellistes", ceux qui considèrent Machiavel
comme défenseur d'un prince immoral et sans pitié plutôt que de
Machiavel même ou du Machiavel que lui, Montaigne, appréciait :

> Ceux qui, de nostre temps, ont considéré, en l'establissement du
> devoir d'un prince, le bien de ses affaires seulement, et l'ont
> preféré au soin de sa foy et conscience, diroyent quelque chose à
> un prince de qui la fortune auroit rangé à tel point les affaires que
> pour tout jamais il les peut establir par un seul manquement et
> faute à sa parole. Mais il n'en va pas ainsi. On rechoit souvent en
> pareil marché ; on faict plus d'une paix, plus d'un traitté en sa
> vie. Le gain qui les convie à la premiere desloyauté (et quasi
> tousjours il s'en presente comme à toutes autres meschancetez :
> les sacrileges, les meurtres, les rebellions, les trahisons
> s'entreprenent pour quelque espece de fruit), mais ce premier gain
> apporte infinis dommages suivants, jettant ce prince hors de tout

1   Montaigne, *Journal de voyage*, éd. Louis Lautrey (Paris: Hachette, 1909), pp.
385-6. Dorénavant les citations du *Journal* seront tirées de cette édition.
2   Rabelais subvertit la puissance du canon dans le ch. 62 du *Quart Livre*:
"Comment Gaster inventoit art et moyen de non estre blessé ne touché par coups de
canon."

commerce et de tout moyen de negociation par l'exemple de cette
infidelité.
(II : xvii, 631-32C).

Manifestement Montaigne condamne ici la déloyauté d'un prince
surtout parce qu'une telle occurrence en entraînera inévitablement une
autre. Bien que cet aperçu de Machiavel par Montaigne ait été le dernier,
c'est-à-dire dans un ajout postérieur à 1588, il doit être situé dans le
contexte où il apparaît et considéré vis-à-vis du chapitre du *Prince* auquel
il fait référence.

Montaigne est rarement catégorique ou d'une seule opinion sur un
sujet donné. Le passage ci-dessus se trouve dans une partie de l'essai
"De la praesumption" (II ; xvii), où il préconise l'expression de notre
véritable pensée. Or, il se rend compte qu'on ne peut pas toujours dire la
vérité, mais ce que nous exprimons à un moment donné doit toujours
refléter notre pensée. Naturellement ce genre d'authenticité permet une
certaine flexibilité et peut expliquer de futurs changements d'avis. En
outre, ce qu'on décide d'omettre devient au moins aussi important que la
parole écrite, et on peut même parfois présumer les motivations derrière
ces omissions. Montaigne fait plus objection au modus operandi qu'au
but même. Il va sans dire que, selon Montaigne, l'idée directrice d'un
Prince devrait être la justice, mais il devrait également garder une position
flexible, cependant ni insouciante ni flagrante.

En fait, Montaigne considère Machiavel selon une perspective très
relative. Il suggère que l'auteur des *Discorsi* aurait cherché la stabilité
dans le personnage du prince, mais aurait surtout remarqué un manque de
stabilité en ce personnage et en l'histoire. En d'autres termes, Montaigne
ne considère pas Machiavel ou ses critiques de manière absolue et
littérale, surtout en ce qui concerne la signification du *Prince* ; et ce qui
l'attire vers les *Discorsi* est leur fluidité et leur polysémie. En paraissant
dénigrer cette oeuvre, il observe de manière critique ses propres essais,
mais peut-être de façon ironique dans les deux cas :

> Les discours de Machiavel, pour exemple, estoient assez solides
> pour le subject ; si, y a-il eu grand aisance à les combattre ; et
> ceux qui l'ont faict, n'ont pas laissé moins de facillité à combattre
> les leurs. Il s'y trouveroit tousjours, à un tel argument, dequoy y

fournir responses, dupliques, repliques, tripliques, quadrupliques, et cette infinie contexture de debats que nostre chicane a alongé tant qu'elle a peu en faveur des procez,
Coedimur, et totidem plagis consumimus hostem.
Horace
les raisons n'y ayant guere autre fondement que l'experience, et la diversité des evenements humains nous presentant infinis exemples à toute sorte de formes.
(II : xvii, 638-39A)

Il est important que les deux références principales à Machiavel figurent dans le même essai, "De la praesumption," un essai qui à la fois réduit l'orgueil et révèle le caractère unique de la prétendue humilité de Montaigne, un essai dont le but définitif est de rechercher l'"extraordinaire grandeur et non commune" (646A) d'hommes célèbres.

Montaigne, de manière toujours auto-critique, se lance dans le but lucide de s'identifier et de se distinguer par rapport aux autres. Dans ces instances il est donc plutôt rare qu'il cherche à se faire l'émule de ces autres. En fait, il est même possible qu'il ait beaucoup plus en commun avec Machiavel qu'avec les machiavéliens. Il est conscient des conséquences possibles de la politique et de l'acte de gouverner et il les accepte, mais il ne veut pas y participer :

> De mesme, en toute police, il y a des offices necessaires, non seulement abjects, mais encore vitieux ; les vices y trouvent leur rang et s'employent à la cousture de nostre liaison, comme les venins à la conservation de nostre santé. S'ils deviennent excusables, d'autant qu'ils nous font besoing et que la necessité commune efface leur vraye qualité, il faut laisser jouer cette partie aux citoyens plus vigoureux et moins craintifs qui sacrifient leur honneur et leur conscience, comme ces autres antiens sacrifierent leur vie pour le salut de leur pays ; nous autres plus foibles, prenons des rolles, et plus aisez et moins hasardeux. Le bien public requiert qu'on trahisse et qu'on mente [C] et qu'on massacre, [B] resignons cette commission à gens plus obeissans et plus souples.
>
> (III : i, 768BC)

C'est ainsi que les machiavéliens définissent et vivent la condition humaine telle ci-dessus, tandis que Machiavel l'observe et essaie d'en prendre son parti. Montaigne fera de même ; l'aigre-doux fait partie intégrante de la vie, et la souffrance humaine demeure inévitable : "Desquelles qualitez qui osteroit les semences en l'homme destruiroit les fondamentalles conditions de nostre vie" (III : i, 768B). Placé dans cette situation, dans ce contexte, Machiavel manipule les folies et les faiblesses de l'Homme vers un système ferme et viable à la recherche de la stabilité, de l'endurance et de l'amélioration de la société. Montaigne, par contre, veut donner l'impression qu'il désire être hors de la mêlée. Or, il n'y a aucun doute au sujet de la participation de Machiavel, en théorie ou en pratique, à la transformation de la société et à la création d'un nouvel ordre. Pour sa part, le détachement de Montaigne est plus apparent que réel.

La différence essentielle est que Montaigne veut rester agent libre plutôt que participant dédaigneux. Il abhorre le genre d'engagement qui nous oblige à nous soumettre aux autres, mais il continue à participer volontairement à la vie politique de son pays. On sait, par exemple, qu'il a eu des rapports politiques avec Henri III et le futur Henri IV et a effectué des missions auprès de l'un et l'autre. De là vient que l'image de Montaigne retiré dans sa tour d'ivoire à la suite de sa démission du Parlement de Bordeaux en 1571, ou après avoir servi en tant que maire de Bordeaux de 1581 à 1585, offre une simplification exagérée des faits. De plus, la distinction usuelle , dans le cas de Montaigne, entre le bien public et le bien privé a peut-être été trop facile pour coïncider avec son véritable être. Bien qu'il préconise le bien privé (l'honnête) plus que le bien public (l'utile), Montaigne a plutôt comme but la réévaluation du mobile des autres et sa relation au bien privé. Selon cette perspective, l'honnête et l'utile sont souvent confus et déformés :

> On argumente mal l'honnesteté et la beauté d'une action par son utilité, et conclud on mal d'estimer que chacun y soit obligé et qu'elle soit honneste à chacun si elle est utile :
> *Omnia non pariter rerum sunt omnibus apta.*
> Properce (III : i, 781C)

Montaigne veut que l'individu garde sa possibilité de choix, et il ne questionne pas autant la nature de l'action que l'essence et le mobile de l'action. En quoi l'action consiste-t-elle ? Est-ce qu'agir veut simplement dire s'engager dans les conflits de la vie publique ? En vrai, Montaigne a l'intention de convaincre les autres, et peut-être, jusqu'à un certain point, lui-même, que l'écriture des essais est aussi utile que le service de maire[1].

Il s'ensuit que la claire différenciation usuelle entre un Machiavel qui propose une science de gouvernement amorale et un Montaigne qui fait une distinction entre une moralité politique et privée n'explique pas vraiment la complexité de la position respective des deux auteurs[2]. Pour commencer, le *Prince* constitue-t-il un traité politique universel ? Ou est-ce plutôt un pamphlet écrit pour satisfaire les besoins politiques à un certain moment de l'histoire d'Italie? Sans aucun doute, Machiavel, pour le moment, redéfinit la *virtù* consacrée par le temps : "E però bisogna che egli abbi uno animo disposto a volgersi secondo che venti della fortuna e le variazioni delle cose li comandano e, come di sopra disse, non partirsi dal bene potendo, ma sapere intrare nel male, necessitato" (56). Le fond véritable du *Prince* se base sur la symbiose existentielle entre l'action et la fortune, une transmutation du conflit médiéval entre le libre arbitre et la prédestination. Pourtant conscient de l'inconstance de la fortune, Machiavel s'appuie également sur une indépendance humaniste : "E quelle difese solamente sono buone, sono certe, sono durabili, che dependano da te proprio e dalla virtù tua" (78).

---

[1]   Cf. Marcel Tetel, "Michel et Montaigne ont toujours été un," *Les Ecrivains et la politique dans le sud-ouest de la France autour des années 1580* (Bordeaux: Presses Universitaires de Bordeaux, 1982), pp. 215-26; et dans un contexte plus large *La Catégorie de "l'honneste" dans la culture du XVIe siècle* (Université de Saint-Etienne: Institut d'Etudes de la Renaissance et de l'Age Classique, 1985).

[2]   Cette distinction reste valide mais peut-être pas quintessentielle pour une étude comparative ou intertextuelle entre Machiavel et Montaigne. Une des meilleures analyses de ce genre a été faite par Battista, "Sul 'Machiavellismo' di Montaigne," pp. 7-50; cf. aussi du même auteur "Direzioni di ricerca per una storia di Machiavelli in Francia," *Atti del convegno internazionale sul pensiero politico di Machiavelli e la sua fortuna nel mondo* (Florence: Istituto Nazionale di Studi sul Rinascimento, 1972), pp. 37-66, et réimprimé dans *La Cultura*, 10 (1972), 168-218.

C'est dans cette interaction entre la fortune et l'action que se situe la pierre de touche essentielle qui rapproche Machiavel et Montaigne[1]. La tradition humaniste de la fortune remonte au *De remediis utriusque fortunae* de Pétrarque — comment confronter la bonne et la mauvaise fortune — et aussi au prologue du *Décameron* où la peste incarne la fortune en tant que calamité inexplicable qui cependant fonctionne comme critère pour la conduite et l'essence de l'homme. L'importance de la fortune dans la pensée de Machiavel se reconnaît au fait que tout un chapitre y est consacré dans *Le Prince* et, en outre, quatre *capitoli* dans les *Discorsi*. La fortune ne devient pas seulement un substitut de Dieu, mais elle est aussi classée comme facteur primordial pour expliquer deux obsessions humanistes principales : la diversité de la conduite humaine et l'inconstance autour de soi. On peut même présumer que l'Humaniste aurait eu à inventer la fortune pour atténuer le fait implacable du fréquent échec humain face à l'absence du caractère absolu de l'action individuelle, de la même manière que les Anciens inventèrent leurs mythes pour essayer de comprendre l'inexplicable tout en essayant de se faire l'émule des dieux à travers une vision anthropomorphique du monde. De même, la fortune joue un rôle important dans les *Essais* . Il suffit de se rappeler que quand Montaigne, pendant son séjour à Rome, a soumis à la Curia les deux premiers livres pour son approbation, la recommandation principale de cette administration vaticane fut que les fréquentes références à la fortune fussent supprimées, car elles étaient incompatibles avec les dogmes de l'Eglise. Ultérieurement, d'ailleurs, Montaigne n'agréa pas cette demande et ne changea presque rien.

[1]   Le concept de la fortune dans les *Essais* a été étudié par Zoé Samaras, "Le rôle de la fortune dans la pensée de Montaigne," *Bulletin de la Société des Amis de Montaigne* 10-11(1974), 71- 77; et Daniel Martin, *Montaigne et la Fortune: Essai sur le hasard et le langage* (Paris: Champion, 1977). Pour Machiavel, voir Lanfranco Mossini, *Necessità e legge nell'opera del Machiavelli* (Milan: Giuffrè, 1962), pp. 23-37; Thomas Flanagan, "The Concept of *Fortuna* in Machiavelli," *The Political Calculus*, éd. Anthony Parel (Toronto: Toronto University Press, 1972), pp. 127-56; Timothy Lukes, "Fortune Comes of Age (in Machiavelli's Literary Works)," *Sixteenth Century Journal*, 11(1980), 33-50. En ce qui concerne l'apport de la notion de la fortune sur les lettres et la culture françaises pendant la première moitié du XVIe siècle, voir Franco Simone, *Il Rinascimento francese* (Turin: Società Editrice Internazionale, 1961), pp. 148-60.

Machiavel préconise essentiellement une suprématie relative de l'Homme sur la fortune. Même quand il est surpassé, l'Homme doit continuer à résister ; c'est dans cette épreuve que se situe sa dignité. De plus, l'Homme doit en tout temps se montrer flexible pour se préparer à l'inconstance de la fortune.

Montaigne, lui, incorpore davantage la fortune à un état naturel de la condition humaine. Il l'accepte, l'utilise quand il peut, et de toutes manières possibles. Tandis que Montaigne réagit vis-à-vis de la fortune d'une manière passivement active et l'accepte telle qu'elle se manifeste, Machiavel, lui, demeure l'homme d'action fougueux qui lutte et cherche une confrontation avec elle. Machiavel est le chevalier armé qui poursuit l'ennemi mais se retire face à des renversements inattendus. Montaigne, par contre, est le gentilhomme qui apprivoise et assimile l'adversaire. La seule occasion où Machiavel est catégorique à propos de l'hégémonie complète de la fortune se trouve dans le *capitolo* (éloge paradoxal) à ce sujet, mais ici il s'agit plutôt d'une manifestation des règles de ce genre littéraire que d'une conviction entièrement personnelle : "Questa da molti è detta onnipotente,/ perché qualunche in questa vita viene,/ O tardi o presto la sua forza sente" (II, 708).

Pour Machiavel, il est essentiel que l'homme garde un certain contrôle sur la fortune et qu'il la conquière même, car l'action ne doit jamais être supplantée par la soumission. Quand ce point de vue dominant apparaît dans le *Prince*, il est difficile de distinguer la part jouée par une rhétorique très prononcée afin d'inciter les Italiens au nationalisme et à l'indépendance, et afin de les convaincre que le moment est maintenant propice. Mais puisque cette position se retrouve également dans les *Discorsi*, on peut penser qu'une intention personnelle n'ôte rien au point de vue sur la fortune :

> Nondimanco perché il nostro libero arbitrio non sia spento iudico potere essere vero che la fortuna sia arbitra della metà delle azioni nostre...Concludo adunque che variando la fortuna e stando li uomini ne' loro modi ostinati sono felici mentre concordano insieme, e come discordano infelici. Io iudico bene questo, che sia meglio essere impetuoso che respettivo, perché la fortuna è donna : ed è necessario, volendola tenere sotto, batterla e urtarla. E si vede che la si lascia più vincere da questi che da quelli che

freddamente procedono. E però sempre, come donna, è amica de' giovani, perché sono meno respettivi, più feroci, e con più audacia la comandano.
(78, 81).

Dans le cas de Montaigne, la fortune touche au fortuit, au hasard, donc il s'y résigne. Il ne la considère pas comme une force implacable opprimant l'Homme, mais plutôt comme une autre loi universelle gouvernant la condition humaine : "C'est imprudence d'estimer que l'humaine prudence puisse remplir le rolle de la fortune" (III : viii, 912). L'impétuosité de Machiavel cède ici à une acceptation sereine de l'inévitable. D'une façon typiquement paradoxale, Montaigne transforme la fortune, cet ingrédient dominant et potentiellement négatif de la vie en une force créatrice, qui cependant continue à coexister avec une angoisse latente impuissante :

> Or je dy que, non en la medecine seulement, mais en plusieurs arts plus certaines, la fortune y a bonne part. Les saillies poëtiques, qui emportent leur autheur et le ravissent hors de soy, pourquoy ne les attribuerons nous à son bonheur ? ... Mais la fortune montre bien encores plus evidemment la part qu'elle a en tous ces ouvrages, par les graces et beautez qui s'y treuvent, non seulement sans l'intention, mais sans la cognoissance mesme de l'ouvrier... Quant aux entreprinses militaires, chacun void comment la fortune y a bonne part. En nos conseils mesmes et en nos deliberations, il faut certes qu'il y ait du sort et du bonheur meslé parmy ; car tout ce que nostre sagesse peut, ce n'est pas grand chose ; plus elle est aiguë et vive, plus elle trouve en soy de foiblesse, et, se défie d'autant plus d'elle mesme. Je suis de l'advis de Sylla ; et quand je me prens garde de prez aux plus glorieux exploicts de la guerre, je vois, ce me semble, que ceux qui les conduisent n'y emploient la deliberation et le conseil que par acquit, et que la meilleure part de l'entreprise ils l'abandonnent à la fortune, et, sur la fiance qu'ils ont à son secours, passent à tous les coups au delà des bornes de tout discours.
> (I, xxiv, 126-27A)

Montaigne ne perd jamais conscience de lui-même en tant qu'auteur qui se regarde écrire, et même quand il attribue une grande partie de la force créatrice à la fortune, il se livre toujours à un de ses jeux favoris : un auto-dénigrement ironique. Pour mieux se louer ? Ce dernier aspect ne se trouve pas chez Machiavel. Quand Montaigne entre dans le champ de bataille machiavélien, l'escrime avec la fortune, l'initiative humaine a déjà disparu. Donc, en surface l'espace comblé d'un siècle d'Humanisme devient un abîme infranchissable. L'enceinte protectrice et égocentrique de Montaigne remplace l'élan vital de Machiavel, mais leur but reste le même : l'affirmation du Moi dans un monde oppressif et tourmenté. Quand la soumission apparaît chez les deux Humanistes, elle est plutôt formelle qu'essentielle ; l'impulsion et le besoin d'en triompher et de faire surface ne s'apaisent vraiment jamais.

Un des thèmes qui pénètre jusqu'au coeur des préoccupations humanistes traite de la relation entre libéralité et avarice. Ce thème peut figurer métaphoriquement comment rester libre et maître de soi ; l'argent dû et emprunté peut aussi exprimer métaphoriquement la dette de l'Humaniste envers ses prédécesseurs, en particulier aux Anciens. Bien que Montaigne s'adonne à un discours monétaire polysémique, il se rapproche de Machiavel lorsqu'il scrute la conduite d'un prince envers ses sujets quant au déboursement des fonds qui leur appartiennent légitimement ou non. Cette question est toujours centrée sur le degré d'interdépendance qui devrait régner entre le prince et ses sujets, et analyse en fait la relation à autrui. Même si le prince de Machiavel cherche la dépendance de ses sujets, Montaigne et lui se rejoignent lorsqu'ils déclarent que le gouverneur et le gouverné doivent agir sur une base contractuelle réciproque, chacun ayant une obligation envers l'autre, et les deux Humanistes contestent la libéralité excessive et l'ostentation, car et gouverneur et gouverné dans ces circonstances perdent leur efficacité et leur dignité :

> Uno principe adunque non potendo usare questa virtù del liberale sanza suo danno, in modo che la sia conosciuta, debbe, s'elli è prudente, non si curare del nome del misero : perché col tempo sarà tenuto sempre più liberale, veggendo che con la sua parsimonia le sue entrate li bastano, può defendersi da chi li fa guerra, può fare imprese sanza gravare i populi...perché questo è uno di quelli vizii che lo fanno regnare.
> (50, 51)

Il est trop aysé d'imprimer la liberalité en celuy qui a dequoy y fournir autant qu'il veut, aus despens d'autruy. Et son estimation se reglant non à la mesure du present, mais à la mesure des moyens de celuy qui l'exerce, elle vient à estre vaine en mains si puissantes. Ils se trouvent prodigues avant qu'ils soient liberaux. Pourtant est elle de peu de recommandation, au pris d'autres vertus royalles, et la seule, comme disoit le tyran Dionysius, qui se comporte bien avec la tyrannie mesme... Si la liberalité d'un prince est sans discretion et sans mesure, je l'aime mieux avare...car le nom mesme de liberalité sonne liberté.
(III : vi, 881, 882BC)

Chez Machiavel, l'avarice signifie garder nos propres choix, être capable d'agir et rester maître de la situation, tandis que la générosité ou la prodigalité nous laisse dans une position vulnérable, puisqu'il faut, avant tout, garder l'initiative. Bien que Machiavel et Montaigne considèrent l'argent dans le contexte de l'affirmation de soi et de l'exercice de la volonté, on distingue tout de même un changement de perspective ; l'auteur du *Prince* met en relief la personne au pouvoir, mais l'auteur des *Essais* élève autant l'individu. Donc, ce qui est sous-entendu dans *Le Prince* devient explicite dans les *Essais* : l'importance et le bien-être de l'Homme.

Montaigne prête une attention considérable non seulement à la corruption du prince, mais aussi aux effets corrupteurs que les actes de prodigalité d'un prince peuvent avoir sur ses sujets. Cette nuance morale est quelque peu absente chez Machiavel. De nouveau alors, dans le monde machiavélien, on voit l'individu en train de se libérer et de se distinguer. Cependant, dans l'univers montaignien, l'individu utilise le monde extérieur pour arriver à une réflexivité, au lieu de participer sans hésiter à ce monde. Ce déplacement du *il* au *je*, du prototype à l'auto-analyse n'exclut pas de ce premier une analyse systématique du Moi, de l'Homme, mais indique plutôt le glissement d'une figure héroïque vers un anti-héros, d'un culte de l'énergie à une énergie répandue, d'une agressivité à une agression passive, d'un Moi existant en fonction de l'univers à un univers existant en fonction du Moi.

Au cours du processus de l'affirmation de soi, l'Humaniste s'intéresse à la cruauté parce qu'elle traite directement de la dignité humaine et qu'elle devient un élément atténuant, essentiel pour le contenu d'une action et pour la réalisation d'une condition utopique : la conservation de sa propre volonté sans briser celle des autres. Cependant, dans le domaine pratique des épreuves journalières l'idéal est mis en question et même transgressé. La compassion, contrepartie de la cruauté, reste pour Machiavel et pour Montaigne, un guide constant, jamais non critique. Machiavel met l'action au service de l'efficacité et d'une structure politique : "Ciascuno principe debbe desiderare di essere tenuto pietoso e non crudele : nondimanco debbe avvertire di non usare male questa pietà" (52). Pour sa part, Montaigne rejette les extrêmes et opte pour la lucidité : "Je me compassionne fort tendrement des afflictions d'autruy, et je pleurerois aisément par compaignie, si, pour occasion que ce soit, je sçavois pleurer" (II : ii, 409A).

En effet, on simplifierait trop et de manière erronée, si on affirmait que Machiavel favorise la cruauté, quand elle est nécessaire, et que Montaigne s'y oppose ; en fin de compte, les deux Humanistes se centrent ici sur la *virtus* classique et l'amour humain. Quand Montaigne prend une position apparemment catégorique contre la cruauté ("Je hay, entre autres vices, cruellement la cruauté, et par nature et par jugement, comme l'extreme de tous les vices" [II : xi, 408B]), il ne déplore pas seulement la rupture d'un lien entre les hommes, mais il attaque aussi un agir outré et inutile dépassant l'efficacité, et qui réduit l'homme à un niveau bestial. En fait, ni Machiavel ni Montaigne ne condamnent la punition, mais elle doit être à la fois proportionnelle au but et fonctionnelle. Il ne faut craindre ni pour soi ni les autres : "Nondimanco debbe essere grave al credere e al muoversi, né si fare paura da se stesso, e procedere in modo temperato con prudenzia e umanità, che la troppa confidenza non lo facci incauto e la troppa diffidenzia non lo renda intollerabile" (52). Pour Machiavel, la cruauté ne veut pas dire prendre des mesures inhumaines ; en effet, il n'explique jamais ce qu'est la cruauté et n'en donne aucun exemple comme le fait Montaigne. Mais la "cruauté" machiavélienne se dégage plutôt d'une volonté de se faire respecter, d'une auto-affirmation par rapport à la volonté des autres, d'un maintien d'un équilibre intérieur même si c'est aux dépens d'autrui, et d'un besoin, certes parfois paradoxal, de ne pas se faire haïr. En d'autres termes, le prince se faufile prudemment à travers un labyrinthe de vicissitudes et ne se perd pas ; il demeure le *leader*, car l'Humaniste est un homme d'élite, qui en même temps reste conscient d'un lien avec autrui et d'une obligation envers ses semblables tout en préconisant un sens d'unité parmi son peuple.

Or, pour ce qui est de la cruauté, Machiavel se situe sur un plan amoral, tandis que Montaigne pèse la question morale inhérente à ce sujet ; tout compte fait, il finit par s'en écarter autant que son confrère italien. Bien que Machiavel évite un jugement moral, son objectif principal est d'inciter une réaction, des actions positives qui démontrent la capacité de gouverner du prince. De même, chez Montaigne la cruauté est placée dans le contexte d'actions qui mettent à l'épreuve. Pour cette raison la plupart de l'essai "De la cruauté" est consacré à une discussion sur la vertu. Montaigne ne décrit pas la vertu comme une inclination facile, mais comme un acte accompli face à la difficulté et à l'adversité :

> ...il y en plusieurs qui ont jugé que ce n'estoit pas assez d'avoir l'ame en bonne assiette, bien reglée et bien disposée à la vertu ; ce n'estoit pas assez d'avoir nos resolutions et nos discours au dessus de tous les efforts de fortune, mais qu'il falloit encore rechercher les occasions d'en venir à la preuve. Ils veulent quester de la douleur, de la necessité et du mespris, pour les combattre, et pour tenir leur ame en haleine : "multum sibi adjicit virtus lacessita"..."c'estoit chose trop facile et trop lâche que de mal faire, et que de faire bien où il n'y eust point de dangier, c'estoit chose vulgaire ; mais de faire bien où il y eust dangier, c'estoit le propre office d'un homme de vertu".
> (II : xi, 401, 402AC)

Donc, pour Montaigne, la cruauté existe principalement comme élément réfracteur pour mieux délimiter la vertu. La cruauté, par exemple, consiste à montrer plus d'affection envers les animaux que d'amour envers les hommes, ou bien encore à écarteler un mort ; c'est-à-dire un amour dévié dans le premier cas, et dans le second, un excès inutile. L'essayiste condamne plus le manque de *vertu* que ses effets — la cruauté, car son but ultime ici est de louer l'homme combatif.

De même, Machiavel dans *Le Prince* soumet la cruauté, dont il laisse le concept à notre imagination, à l'action, à l'ordre, et à une union étroite entre les hommes : "Debbe pertanto uno principe non si curare della infamia di crudele, per tenere li sudditi sui uniti in fede" (52). Une des rationalisations de la cruauté de la part du prince est que le bien-être du groupe est plus important que la souffrance individuelle, mais en fait la cruauté est une qualité, une partie intégrante de la *virtù* machiavélienne, puisque c'est une forme d'action qui dépasse l'éthique commune, peu populaire aux yeux du vulgaire, mais héroïque, distinctive, affirmant le Moi, en somme humaniste[1].

L'Humaniste est obsédé par le rapport entre la cause et l'effet ; derrière le fait de l'action se trouve la multiplicité et l'opacité de la motivation. L'Homme, que l'Humaniste tente de déchiffrer, se situe derrière son agir, et l'action est donc en fin de compte valorisée en fonction de l'Homme ; l'effet devient ainsi le moyen de remonter à la cause. Pourtant dans l'essai "De la cruauté" Montaigne indique qu'un seul acte en particulier ne suffit pas pour désigner les motivations ou pour définir l'Homme : "Voylà pourquoy, quand on juge d'une action particulière, il faut considerer plusieurs circonstances et l'homme tout entier qui l'a produicte, avant la baptizer" (II : xi, 406A). Ce genre de

---

[1]   Pour la signification de *virtù* chez Machiavel, voir Felix Gilbert, "On Machiavelli's Idea of *virtù*," *Renaissance News*, 4 (1951), 53-55, et 5 (1952), 21-33; J. H. Whitfield, "The Doctrine of *virtù*," *Italian Studies*, 3 (1946), 28-33; Neal Wood, "Machiavelli's Concept of *virtù* Reconsidered," *Political Studies*, (1967), 160-72; Russel Price, "The Senses of *virtù* in Machiavelli," *European Studies Review*, 3 (1973), 315-45; Philippe Desan, "Machiavel et la *virtù*," *Naissance de la méthode*. pp. 45-61.

Quant aux *Essais*, "vertu" traduit parfois une connotation machiavélienne, mais c'est surtout la polysémie de ce concept qui domine, Voir I.D. McFarlane, "The Concept of Virtue in Montaigne," *Montaigne: Essays in Memory of Richard Sayce*, éd. I.D. McFarlane et Ian Maclean (Oxford: Clarendon Press, 1982), pp. 77-100. Parfois une comparaison de *virtù* et vertu se fonde davantage sur ce que Montaigne affirme vers la fin des *Essais* que sur une vertu montaignienne bien plus polysémique: "La Virtù machiavélienne est, avant tout faite de volonté, d'ambition, et d'énergie, c'est-à-dire de tout ce qui exige l'effort. Chez Montaigne, au contraire... la Vertu repose de moins en moins sur l'effort, et de plus en plus sur la facilité" (Pierre Goumarre, "Montaigne et Machiavel et les grands capitaines de l'Antiquité," *Les Lettres Romanes*, 27 [1973], 23).

déclaration atténue et dilue la portée de la cruauté, et une fois transférée et appliquée au prince elle rapproche Machiavel de Montaigne.

Comme chez Montaigne et selon l'esprit humaniste, Machiavel n'a pas de vue manichéenne du monde ; pour lui, l'homme n'est ni tout à fait bon ni tout à fait mauvais ; cependant la *virtù*-ingéniosité, volonté, force d'âme, et courage — supplante toujours ce relativisme. Dans un chapitre des *Discorsi* ("Sanno rarissime volte gli uomini essere al tutto cattivi o al tutto buoni"), Machiavel constate la nature terrestre de l'homme :

> Né si poteva credere si fusse astenuto o per bontà o per coscienza che lo ritenesse ; perché in uno petto d'un uomo facinoroso, che si teneva la sorella, che aveva morti i cugini e i nipoti per regnare, non poteva scendere alcun pietoso rispetto ; ma si conchiuse, nascesse che gli uomini non sanno essere onorevolmente cattivi o perfettamente buoni, e come una malizia ha in sé grandezza o è in alcuna parte generosa, e' non vi sanno entrare.
> (I, 27, 157)

Mais en vérité, il dédaigne cette condition humaine, car elle reflète l'inaction, et il procède par conséquent à une opposition entre cette condition et une autre, idéaliséee et héroïque, où règne sans partage l'action. S'il avait un choix, il préférerait un homme entièrement bon ou mauvais. Aussi propose-t-il un engagement total. Cependant l'Héroïque ne correspond pas toujours à la vie quotidienne. Les Héros appartiennent au passé. De nouveau, dans les *Discorsi*, Machiavel remonte aux Romains qui incarnent, selon lui, la *virtù*, à laquelle ils doivent tous leurs exploits, leur indépendance, et leur domination sur les autres. En somme, leur *virtù*, force motrice de leurs conquêtes, a fait dominer leur liberté et leur volonté sur celles des autres ; or, *virtù* dans ce contexte signifie essentiellement action, et elle est également la seule véritable arme efficace contre la fortune. Par conséquent, l'épreuve à laquelle l'homme doit faire face, épreuve qui va tester son être, dérive de sa confrontation avec cette adversité :

> Nessuna cosa fe' più faticoso a' Romani superare i popoli d'intorno e parte delle provincie discosto, quanto lo amore che in quelli tempi molti popoli aveveno alla libertà, la quale tanto

ostinatamente difendevano che mai se non da una eccessiva virtù sarebbono stati soggiogati. Perché per molti esempli si conosce a quali pericoli si mettessono per mantenere o ricuperare quella, quali vendette ei facessono contro a coloro che l'avessero loro occupata.
(II, 2, 234-35)

L'Humaniste est pris entre un passé idéalisé et un présent mobile et frustrant. Cette impasse explique, dans une grande mesure, sa passion pour l'histoire. Il ressaisit un temps statique à travers l'histoire, et il établit des modèles dont il se veut l'émule. L'histoire n'est pas simplement un catalogue d'actions, il est surtout un moyen de comprendre les motivations humaines et le caractère de l'homme ; donc, l'histoire devient l'étude de l'éthique. Et Machiavel et Montaigne s'accordent pour cette fonction humaniste de l'histoire. Montaigne proclame catégoriquement cette conviction et sa dette envers une histoire à l'échelle humaine : "L'Histoire c'est plus mon gibier... Les Historiens sont ma droitte bale : ils sont plaisans et aysez ; et quant et quant l'homme en general, de qui je cherche la cognoissance, y paroist plus vif et plus entier qu'en nul autre lieu, la diversité, et verité de ses conditions internes en gros et en destail, la varieté des moyens de son assemblage et des accidents qui le menacent" (I : xxvi, 144A ; II : x, 396AC). Pour Machiavel aussi, l'histoire domine en tant que matière pédagogique :

Ma quanto allo esercizio della mente debbe il principe leggere le istorie, e in quelle considerare le azioni delli uomini eccellenti : vedere come si sono governati nelle guerre, esaminare le cagioni delle vittorie e perdite loro, per potere queste fuggire e quelle imitare ; e sopra tutto fare come ha fatto per lo adrieto qualche uomo eccellente, che ha preso a imitare se alcuno innanzi a lui è stato laudato e gloriato, e di quello ha tenuto sempre e gesti e azioni appresso di sé. (48)

Il faut cependant reconnaître que *Le Prince*, pour des raisons contextuelles évidentes, accentue davantage l'histoire sous le jour d'hommes et d'actions exemplaires plutôt que pour sa valeur formative éthique tandis que les *Discorsi* et les *Istorie fiorentine* fournissent suffisamment d'évidence pour changer l'équilibre en faveur de cette dernière position.

L'Histoire est un moyen de communication avec le passé pour pouvoir forger le présent. Les historiens, comme les poètes, deviennent historiens et poètes, dans une grande mesure, en lisant, en imitant, en commentant, et en traduisant leurs prédécesseurs. Machiavel peut faire valoir sa qualité d'historien scientifique parce qu'il prétend être objectif dans ses observations ou dans ses lectures, mais il finit tout de même par les juger. En fait, l'historien et le moraliste ne font qu'un. Montaigne raconte et "historise" le Moi en tant qu'histoire : il observe le moi pendant que le moi observe les autres ainsi que le passé afin de se figurer Homme universel. Montaigne présente une Histoire de son époque en racontant une histoire accumulée du Moi, mise en parallèle avec une série de figures exemplaires du passé ; or, le nain repose sur les épaules d'un géant fabriqué dont il dépend, ce qui mène l'essayiste au besoin inhérent de se communiquer[1]. De fait, l'Humaniste est un intermédiaire, un entremetteur, celui qui transmet du passé à ses contemporains et à la postérité. La communication, essentielle pour Montaigne, est une des pulsions de son être : "Le plus fructueux et naturel exercise de nostre esprit, c'est à mon gré la conference. J'en trouve l'usage plus doux que d'aucune autre action de nostre vie ; et c'est la raison pourquoy, si j'estois asture forcé de choisir, je consentirois plustost, ce crois-je, de perdre la veue que l'ouir et le parler" (III : viii, 900B). Il établit, nous le savons, trois catégories d'interlocuteurs : les femmes, les hommes, et les livres, en ordre de préférence croissant. Les livres occupent un statut privilégié parce qu'ils permettent un dialogue avec le passé, porteur de sérénité au présent : "C'est la meilleure munition que j'aye trouvé a cet humain voyage" (III : iii, 806B). Le locus, pour ce dialogue des plus significatifs avec le passé, est la bibliothèque où se manifeste l'ultime engagement, paradoxalement au milieu de la solitude. C'est un autel plus vénérable que celui qui supplante celui d'une chapelle ordinaire ; c'est

---

[1] Pour la conception de l'histoire chez Machiavel, voir, entre bien d'autres, Peter Bondanella, *Machiavelli and the art of Renaissance History* (Detroit: Wayne State University Press, 1973); pour Montaigne, cf. *supra* le ch. sur Castiglione, p. 69, note 1.

une arène qui incite à l'action essentielle, à une activité physique et spirituelle puisqu'ici l'auto-affirmation du Moi et l'affirmation du Moi sur les autres ont remplacé les mots vides. Il va sans dire que pour l'essayiste ce microcosme reproduit le macrocosme extérieur et suggère même un système hiérarchique de valeurs autrement introuvables :

> Elle est au troisiesme estage d'une tour. Le premier, c'est ma chapelle, le second une chambre et sa suite, où je me couche souvent, pour estre seul... Tout lieu retiré requiert un proumenoir. Mes pensées dorment si je les assis. Mon esprit ne va, si les jambes ne l'agitent. Ceux qui estudient sans livre, en sont tous là... C'est là mon siege. J'essaie à m'en rendre la domination pure, et à soustraire ce seul coin à la communauté et conjugale, et filiale, et civile. Par tout ailleurs je n'ay qu'une auctorité verbale : en essence, confuse. Miserable à mon gré, qui n'a chez soy où estre à soy, où se faire particulierement la cour, où se cacher!
> (III : iii, 806, 807C)

Pour Machiavel, le dialogue avec le passé verse dans des proportions rituelles ; de plus, l'Histoire est vivifiée ; l'imagination prend corps et supplante toute réalité extérieure ; le drame remplace l'activité inepte, la catharsis élimine tout fardeau :

> Venuta la sera, mi ritorno in casa, ed entro nel mio scrittoio ; e in su l'uscio mi spoglio quella vesta cotidiana, piena di fango e di loto, e mi metto panni reali e curiali ; e rivestito condecentemente, entro nelle antique corti delli antiqui uomini, dove, da loro ricevuto amorevolmente, mi pasco di quel cibo, che solum è mio, e che io nacqui per lui ; dove io non mi vergogno parlare con loro e domandarli della ragione delle loro azioni ; e quelli per loro umanità mi rispondono ; e non sento per quattro ore di tempo alcuna noia, sdimentico ogni affanno, mi transferisco in loro[1].

Machiavel souligne la sérénité et l'aspect concret et nécessaire du dialogue ; Montaigne, lui, se livre à une solitude grégaire — la multitude

---

[1]   Niccolò Machiavelli, *Tutte le opere*, éds. Guido Mazzoni et Mario Casella (Florence: Barbèra, 1929), p. 885; dans une lettre écrite à Francesco Vettori, le 10 décembre 1513.

de la solitude. Machiavel dramatise l'Histoire, vit le passé et reste figure romanesque et héroïque. Montaigne utilise l'Histoire afin de s'y réfléchir, de s'y retrouver, et afin de se former ; Machiavel en devient un acteur, tandis que Montaigne l'observe.

Machiavel et Montaigne font tous deux alterner l'action dans la vie et l'engagement intellectuel, et ils visent un amalgame des deux, bien qu'ils aient commencé à écrire seulement après s'être retirés d'une vie politique active. *Virtù* et *vertu*, en tant qu'éléments servant à tester l'homme et en tant que manifestation d'un engagement vis-à-vis de soi et des autres, restent les facultés fondamentales de la vie. Le sujet libéralité/avarice témoigne d'un besoin simultané d'être indépendant des autres, d'atteindre une maîtrise de soi et une liberté complète à l'égard des autres et de soi-même. En ce qui concerne la fortune, Machiavel y fait face et la combat ; Montaigne, lui, l'assimile ; ainsi tous les deux l'emportent sur elle, mais par des moyens différents. Quant à l'Histoire, ils l'utilisent dans un but exemplaire, mais elle a chez Machiavel une portée immédiate qui manque quelque peu dans les *Essais* . Par contre, Montaigne met l'accent sur l'élément vital, son cordon ombilical, que manifestent la communication et le dialogue. Parce qu'ils attribuent à l'Histoire une portée, en partie, légèrement différente, Montaigne prône des concepts dont les contours ressortent par leur état encore brut ; Machiavel, lui, préfère des contours nets, sinon une finition méticuleuse, mais sans toujours y parvenir. Machiavel est-il ce jeune homme éternellement fougueux, rongeant son frein, et, à l'autre extrêmité du siècle, Montaigne est-il cet homme à la vitalité persistante qui finit par accepter la vie telle qu'il la trouve ?

V

FRANCESCO GUICCIARDINI :

DE LA PRUDENCE

Puisque Montaigne est à la fois lecteur et scripteur, il est inévitable qu'on doive se pencher sur sa manière de lire et d'écrire, c'est-à-dire sur sa manière d'articuler son propre discours. Pour ce qui est du lecteur que Montaigne, lui, stipule, exige même pour ses *Essais*, il le veut suffisant, prudent, agile, réceptif, capable de lire le noir et le blanc, le texte et les interstices — les trous. Lecteur de lui-même, Montaigne se lit et se relit "suffisamment", mais comment lit-il autrui ? Nous savons en effet que Montaigne est un textophage qui, tout en étant omnivore, choisit, manipule, brasse à son gré, approprie selon ses besoins. Il n'en saurait être autrement en ce qui concerne Montaigne lecteur de Guichardin, surtout de sa *Storia d'Italia*.

Le jugement que Montaigne porte sur Guichardin, en apparence tout du moins, produit un effet négatif ; bien qu'il débute par un éloge de certaines qualités de l'historien florentin, il se termine par une critique de la *Storia d'Italia* qui, selon l'essayiste, réduit à l'intérêt et à l'égoïsme toute action humaine. Il n'est donc pas surprenant que Montaigne nous montre les deux côtés de la médaille, et le montaigniste attentif doit à son tour examiner prudemment l'envers :

> Voicy ce que je mis, il y a environ dix ans, en mon Guicciardin (car, quelque langue que parlent mes livres, je leur parle en la mienne) : Il est historiographe diligent, et duquel, à mon advis, autant exactement que de nul autre, on peut apprendre la verité des affaires de son temps : aussi en la pluspart en a-il esté acteur luy mesme, et en rang honnorable. Il n'y a aucune apparence que, par haine, faveur ou vanité, il ayt déguisé les choses : dequoy font foy les libres jugements qu'il donne des

grands, et notamment de ceux par lesquels il avoit esté avancé et employé aux charges, comme du Pape Clement septiesme. Quant à la partie dequoy il semble se vouloir prevaloir le plus, qui sont ses digressions et discours, il y en a de bons et enrichis de beaux traits ; mais il s'y est trop pleu : car, pour ne vouloir rien laisser à dire, ayant un sujet si plain et ample et à peu pres infiny, il en devient lasche, et sentant un peu au caquet scholastique. J'ay aussi remerqué cecy, que de tant d'ames et effects qu'il juge, de tant de mouvemens et conseils, il n'en rapporte jamais un seul à la vertu, religion et conscience, comme si ces parties là estoyent du tout esteintes au monde ; et, de toutes les actions, pour belles par apparence qu'elles soient d'elles mesmes, il en rejecte la cause à quelque occasion vitieuse ou à quelque profit. Il est impossible d'imaginer que, parmy cet infiny nombre d'actions dequoy il juge, il n'y en ait eu quelqu'une produite par la voye de la raison. Nulle corruption peut avoir saisi les hommes si universellement que quelqu'un n'eschappe de la contagion : cela me faict craindre qu'il y aye un peu du vice de son goust : et peut estre advenu qu'il ait estimé d'autruy selon soy.
(II : 10, 398-99A)

Dans les deux premières phrases, il n'est guère étonnant que Montaigne loue les dimensions oculaires menant à une description objective qui s'accordent avec sa conception d'une histoire parfaite. Ce sont d'ailleurs ces mêmes qualités ainsi que l'emploi d'une documentation épistolaire et administrative de la part de l'historien florentin qui porte Bodin à faire un long éloge de Guichardin, et uniquement à le louer, car il voit en lui un alter ego de sa propre méthode et passe sous silence la négativité que relève Montaigne ("Il faut donc admirer chez lui ce souci de la vérité, qui le pousse à ne rien affirmer à la légère, mais à tout démontrer avec rigueur")[1].

Lorsque Montaigne commence à critiquer Guichardin pour la fréquence de ses "digressions et discours" aboutissant à un "caquet scholastique", le montaigniste ne peut s'empêcher de devenir légèrement perplexe, de mettre en question ces remarques. Digressions apparentes et discours ne font-ils pas partie intégrante des Essais et ne constituent-ils

---

[1]   Jean Bodin, La méthode de l'histoire, in Œuvres philosophiques, trad. Pierre Mesnard. vol. V, 3 (Paris: PUF, 1951), p. 309.

pas une dominante de l'écriture de l'essayiste ? Or, il est une donnée indéniable de la syntaxe digressive de la *Storia d'Italia*, notamment qu'elle entend ainsi faire le tour d'un événement afin de rassembler à l'intérieur d'une seule phrase, longue et lente, tous les éléments nécessaires pour le décrire selon diverses perspectives traduisant la simultanéité de motivations humaines parmi lesquelles le lecteur peut choisir[1]. Il est difficile d'imaginer que Montaigne soit resté aveugle devant la fonction sémantique de cette démarche syntaxique et narrative puisqu'elle marque si profondément sa propre écriture.

Dès le premier paragraphe de la *Storia d'Italia*, l'essayiste a déjà lu : "onde per inumerabili esempli evidentemente apparirà a quanta instabilità, ne altrimenti che uno mare concitato da' venti, siano sottoposte le cose umane" (I :1,1)[2]. Doit-on rappeler les propos du premier essai : "Certes, c'est un sujet merveilleusement vain, divers et ondoyant, que l'homme. Il est malaisé d'y fonder jugement constant et uniforme" (I : i, 13A). De plus, en lisant dans Guichardin, la méditation de l'historien sur la mort du pape Alexandre VI, un texte allégué dans les *Essais* (I : xxxiv), Montaigne se trouve devant une de ces phrases "digressives" (de plus de dix lignes) qui mettent en question précisément le jugement humain face à cet "esempio potente a confondere l'arroganza di coloro i quali, presumendosi di scorgere con la debolezza degli occhi umani la profondità de' giudici divini" (II : 6, 98) et affirment ainsi que les hommes sont récompensés ou non selon leur mérite, car le cas de ce pape démontre tout le contraire ; sa réussite dans la vie ne s'accorde guère avec sa conduite vicieuse. Non seulement les opinions humaines sont-elles réfutées mais l'histoire perd aussi sa fonction didactique. Suffit-il de rappeler l'exemple d'Alexandre dans le premier essai où Montaigne lance un défi au lecteur en méditant sur les mobiles de la cruauté du conquérant grec, donc sur l'inscrutabilité ou l'égocentrisme de la conduite humaine : "Seroit-ce que la hardiesse luy fut si commune que pour ne l'admirer point, il la respectast moins ? Ou qu'il l'estimast si

---

[1]   Cf. Mark Phillips, *Francesco Guicciardini: The Historian's Craft* (Toronto: U. of Toronto Press, 1977), p. 175.

[2]   Francesco Guicciardini, *Storia d'Italia*, éd. Costantino Panigada (Bari: Laterza, 1929).

proprement sienne qu'en cette hauteur il ne peust souffrir de la veoir en un autre sans le despit d'une passion envieuse, ou que l'impetuosité naturelle de sa cholere fust incapable d'opposition ?" (I : i, 14BC). Hugo Friedrich avait déjà noté que Guichardin et Montaigne, au moyen de leur démarche péripatétique et digressive "ont affiné notre connaissance de l'homme et l'ont rendue plus prudente" et ont pu ainsi "prendre mieux conscience de l'être insondable de l'homme et rendre plus précise sa description objective."[1] Est-il possible que Montaigne soit un lecteur si insuffisant qu'il reste insensible à une pratique d'écriture que lui-même exploite et manipule dans un but identique à celui de son confrère florentin ?

Evidemment Montaigne n'a pas tout à fait tort, de prime abord tout du moins, lorsqu'il s'en prend à Guichardin qui fonde toute action humaine sur "quelque occasion vitieuse ou à quelque profit". Sur ce premier plan, la réponse est simple : Guichardin rapporte exactement une dominante des mobiles des grands acteurs sur la scène historique qu'il enregistre. Par contre, une lecture plus approfondie de la *Storia d'Italia* révèle que Guichardin ne se réconcilie pas avec l'égoïsme dominant puisqu'il continue à préconiser l'honneur et un Humanisme civique au service d'autrui ; en outre, l'intérêt peut également produire des résultats positifs lorsqu'il émane d'une constance, d'une prudence, et de la *virtù*. Par conséquent, lorsque Montaigne accuse Guichardin de voir chez les autres ce qu'il est lui-même ("et peut estre advenu qu'il ait estimé d'autruy selon soy"), on se demande si l'essayiste choisit de se mettre des lentilles opaques étant donné que l'historien florentin attachait énormément d'importance à la vie publique et à l'engagement politique au service de Florence, ce que Montaigne devait savoir.

Puisque Montaigne émet un jugement quelque peu absolu et arbitraire et ne tient pas compte, par exemple, du puissant engagement nationaliste de son confrère florentin ni de l'importance de la Fortune et de son enjeu historique dans la *Storia d'Italia*, se peut-il que Montaigne réagisse ainsi, consciemment ou pas, contre le sentiment francophobe

---

[1]   Hugo Friedrich, *Montaigne*, trad. Robert Rovini (Paris: Gallimard, 1968), p. 196.

très poussé à travers cet ouvrage, et d'ailleurs dès le début[1]. En effet, Guichardin remarque que, à partir de l'invasion de Charles VIII, et il précise la date, le 9 septembre 1494, ce roi entra à Asti, et ce fut alors dans toute la péninsule italique le début d'un bouleversement qui ruina tout espoir d'unification : cet évévement devint la cause immédiate de la désintégration de l'Italie[2]. De même, Guichardin n'hésite pas à ajouter que les ambitions et l'intérêt des princes (leur imprudence) et surtout du pape (Jules II) contribuèrent aussi à la fin d'une concorde tant souhaitée. Ou bien se peut-il que Montaigne associe au *leitmotiv* du démantèlement de la péninsule, et des conflits internes qui l'accompagnent, les événements de son propre temps déstabilisant et écartelant la monarchie française, les regions et l'unité nationale et que cette association dans l'esprit de l'essayiste le pousserait à ne pas articuler cette analogie, bien que ces contextes analogiques se retrouvent dans la *Storia d'Italia* et dans les *Essais*. Chez Guichardin, il va sans dire, ce sont des événements imprégnés des intrusions et des intérêts français, espagnols, pontificaux et princiers, événements que Montaigne rend, par leur absence dans les *Essais*, antiseptiques tout en se les appropriant par le biais de ses lectures.

Cette dernière hypothèse que nous proposons, que le jugement assez sévère de Montaigne soit fondé dans une certaine mesure sur le contexte analogique de la *Storia d'Italia* et de l'histoire contemporaine aux et dans les *Essais*, notamment la désintégration de l'ordre et de l'unité nationale, est une hypothèse qu'appuie la fortune de la *Storia d'Italia* en

---

1   Pour l'importance de la *Fortuna* dans l'oeuvre de Guichardin, cf. Felix Gilbert, *Machiavelli and Guicciardini: Politics and History in Sixteenth-Century Florence* (Princeton: Princeton U. Press, 1965), pp. 288 et seq.; et Peter E. Bondanella, *Francesco Guicciardini* (Boston: Twayne Publishers, 1976), pp. 118-22; cf. J.H. Whitfield, "Machiavelli, Guicciardini, Montaigne," *Italian Studies*, 38 (1973), 33-35.

2   "entrò in Asti il dì nono di settembre dell'anno mille quattrocento novantaquattro, conducendo seco in Italia i semi di innumerabili calamità, di orribilissimi accidenti, e variazione di quasi tutte le cose: perché dalla passata sua non solo ebbono principio mutazioni di stati, sovversioni di regni, desolazioni di paesi, eccidi di città, crudelissime uccisioni, ma eziandio nuovi abiti, nuovi costumi, nuovi e sanguinosi modi di guerreggiare, infermità insino a quel dì non conosciute; e si disordinorono di maniera gli instrumenti della quiete e concordia italiana che, non si essendo mai poi potuta riordinare" (I:9, 67).

France et en Europe. En effet, à partir de la deuxième moitié du XVIe siècle, cet ouvrage, d'ailleurs posthume, s'est transformé en un pamphlet politique et religieux, surtout dans les mains des partis anti-catholiques, parce qu'il contenait une prise de position anti-vaticane et une condamnation des Borgia, parmi lesquels le pape Alexandre VI et ses deux fils étaient accusés d'inceste avec Lucrèce, leur fille et soeur respectivement[1]. Une traduction française de Hierosme Chomedey, dédiée à Catherine de Médicis, avait paru en septembre 1567 (et porte la date de 1568), mais fondée sur la première édition italienne de 1561 (elle-même expurgée et tronquée des quatre derniers livres sur vingt), cette traduction ne contenait pas, par conséquent, les chapitres censurés. Cette traduction d'ailleurs, ou plutôt son traducteur, a été louée par la Pléiade, notamment par Dorat, Ronsard, Baïf (des sonnets par ces deux derniers)[2]. Autant que nous le sachions, Montaigne n'avait dans sa bibliothèque que l'édition italienne, peut-être de 1568 (une réimpression de celle de 1561). Or, d'une part, la *Storia d'Italia* et sa traduction française s'inscrivent en France dans un contexte nationaliste (les campagnes et les victoires italiennes), circonstanciel (la descendance de la reine mère ; Guichardin avait été anti-républicain et donc au service des Médicis, ce qui expliquerait la dédicace de la traduction), et, d'autre part, dans un registre extrêmement polémique (par exemple, de la part de François de La Noue, Henri Estienne, Théodore de Bèze, Jean de Serres, sans compter la publication à Bâle de chapitres séparés en 1569 — en latin, italien et français)[3]. Etant donné le feu croisé au milieu duquel se situaient la *Storia d'Italia* et sa traduction française, il n'est pas excessif de conjecturer que le caractère absolu du jugement de Montaigne s'inscrit également dans la polémique autour de cet ouvrage ; autrement dit, l'essayiste ne veut laisser aucun doute sur le parti avec lequel il s'aligne et sur sa ferme croyance en une monarchie qui maintiendra l'intégralité du

---

[1]   Cf. Vincenzo Luciani, *Francesco Guicciardini e la fortuna dell'opera sua* (Florence: Olschki, 1949), pp. 182-83.

[2]   Pour les traductions françaises de la *Storia d'Italia*, voir l'étude de Paolo Guicciardini, *La storia guicciardiniana nelle traduzioni francesi* (Florence: Olschki, 1950); et pour les traductions dans le contexte européen, cf. Luciani, pp. 31-50.

[3]   Cf. Luciani, "Come i protestanti si valsero della *Storia*", pp. 208-22.

pays. Montaigne a-t-il soupçonné que son jugement sur Guichardin allait répercuter à travers les siècles et continuer ainsi à s'inscrire, à son tour, dans les interprétations de la *Storia d'Italia* ?

En revanche, il exerce plus de contrôle sur les lectures qu'il incorpore à ses essais. Dans ce domaine, il les façonne tout simplement selon le contexte de son propre ouvrage. Ainsi rend-il exsangues les allusions à la *Storia d'Italia* par rapport à leur contexte original ; elles apparaissent même comme des réductions d'histoire souvent dans des énumérations d'exemples semblables à des fleurs sans tige et, il va sans dire, sans racines. Il déproblématise ainsi ses lectures pour problématiser celle de son texte. Il déhistoricise, dans le sens qu'il situe un événement simplement dans le temps et non dans sa cause ou son effet. Veut-il aussi se mettre à l'abri de la polémique entourant l'ouvrage guichardinien ? Ou s'agit-il plutôt d'un indice de l'essayiste apprenti faisant encore des collages de lectures, étant donné que les allusions à Guichardin figurent surtout dans les treize premiers essais du livre I ?

Dans "De la tristesse", parmi les instances de personnes qui meurent de joie se trouve la première allusion au texte de Guichardin : "nous tenons en nostre siècle que le Pape Leon dixiesme ayant esté adverty de la prinse de Milan, qu'il avait extremement souhaité, entra en tel excez de joie, que la fievre l'en print et en mourut" (I : ii, 17A). La prise de Milan, en fait, marquait la défaite des Français ; Guichardin nous le dit mais pas Montaigne. En outre, l'historien florentin ajoute que le pape n'aurait pas pu mourir de la petite fièvre dont il souffrait mais qu'il avait éte empoisonné. On n'avait pas poursuivi l'empoisonneur pour ne pas déclencher la colère de François Ier. Par ailleurs, la "grandissima gloria e felicità" (IV :14, 131) du pape résultent du fait que Plaisance et Parme sont également conquises et reviennent ainsi à l'Eglise. Enfin Guichardin informe le lecteur que le règne du pape le révéla autre qu'on ne l'aurait cru : Léon X montra plus de prudence et moins de bonté. Cette démarche péripatétique, (cet intertexte), s'élargissant concentriquement, et digne de l'écriture de Montaigne, est nettement tronquée dans l'essai, à moins qu'on ne se rapporte au régime allusif et qu'on tienne compte du début de l'essai où se trouve une phrase à l'allure dissonante, de prime abord : "Les Italiens ont plus sortablement baptisé de son nom [tristesse] la malignité"(I : ii, 15C), bien que, en effet, *tristezza* ait ces deux significations. Est-ce que cet allongeail, dans un court essai, aurait été provoqué par une relecture qui entend relever l'intertexte guichardinien et attirer l'attention sur l'italianisme de l'essai, lequel contient également une citation de Pétrarque ? D'ailleurs, Montaigne qui accuse Guichardin d'un égoïsme dominant n'hésite pas lui-même à démontrer dans la dernière phrase de cet essai à la fois sa différence et son propre égocentrisme, omniprésent et métatextuel : "J'ai l'apprehension naturellement dure, et l'encrouste et l'espessis tous les jours de discours" (17-18B).

Ces émincés intertextuels signalant l'appropriation d'autres textes marquent non seulement les références à la *Storia d'Italia* mais illustrent en fait l'opération intertextuelle dans les *Essais*. On le remarque de nouveau dans l'essai suivant "De la tristesse", notamment, "Nos affections s'emportent au dela de nous". Ici le discours, le sens de "affections" est double ; d'une part, il énonce clairement que le pacte entre le sujet et son prince se fonde essentiellement sur la vertu de celui-ci, telle qu'elle se manifeste de son vivant ou se révèle après sa mort ; d'autre part, "affections" ici signifie gloire dans le sens de la situation de l'individu devant la postérité avant et après sa mort, c'est-à-dire les fortunes de la fortune. L'exemple tiré de Guichardin, ici même une traduction, semble illustrer l'axiome que dans la vie comme dans la mort l'homme se représente ou doit se représenter d'une façon identique :

> Barthelemy d'Alviane, General de l'armée des Venitiens, estant mort au service de leurs guerres en la Bresse, et son corps ayant à estre raporté à Venise par le Veronois, terre ennemie, la pluspart de ceux de l'armée estoient d'avis, qu'on demandast saufconduit pour le passage à ceux de Verone. Mais Theodore Trivolce y contredit ; et choisit plustost de le passer par vive force, au hazard du combat : "N'estant convenable, disoit-il, que celuy qui en sa vie n'avoit jamais eu peur de ses ennemis, estant mort fist demonstration de les craindre." (I : iii, 20A)[1]

---

[1] "dicendo non essere conveniente che chi vivo non aveva mai avuto paura degli inimici, morto facesse segno di temergli" (XII : 17, 375).

Or, Guichardin, pour sa part, termine sa description des funérailles de Barthélemy d'Alviane par une sorte de déconstruction de ce personnage, car il déclare que le général ne remporta jamais de victoire, non pas par manque de courage mais à cause d'une mauvaise fortune et de son tempérament impulsif (cf. XII :17, 375).

Montaigne passe sous silence cette intersection de l'action humaine, de la fortune, et de la mutabilité qui se trouvent en fait dans l'essai, mais dans son emploi du texte guichardinien, l'essayiste se limite à privilégier l'opinion des autres au service de la renommée. Par ailleurs, la dernière phrase de l'essai, grâce au régime allusif et métaphorique revalorise l'intertexte guichardinien : "Tout ainsi que nature nous faict voir, que plusieurs choses mortes ont encore des relations occultes à la vie. Le vin s'altere aux caves, selon aucunes mutations de saisons de sa vigne. Et la chair de venaison change d'estat aux saloirs et de goust, selon les loix de la chair vive, à ce qu'on dit" (I : iii, 24C). Cette mosaïque d'une gloire titubant sur les sables mouvants du temps, sur une osmose de la vie et de la mort, s'inscrit-elle dans un jeu, un test, entre l'essayiste et ses lecteurs, du XVIe ou du XXe siècle ? L'essayiste veut-il essayer le lecteur et le renvoyer ainsi à ses lectures ? Ou bien l'essayiste rompt-il tout simplement le cou à l'histoire pour la transfigurer en narration, une succession de petites histoires en fonction d'un Montaigne qui en apprenant à se connaître aidera son lecteur à se connaître ?[1] Cette manipulation de l'Histoire est indéniable, mais elle permet également de ne pas dire l'histoire lorsque celle-ci frôlerait encore quelque domaine se rattachant aux troubles contemporains.

C'est le cas de la rencontre du pape Clément VII et François Ier à Marseille en 1534 qu'avait précédée une autre entre le pape et Charles V. En renversant cet ordre, Montaigne y fait allusion dans "Ceremonie de l'entrevue des roys" (I :xiii), un essai d'une page dont un tiers se compose d'allongeails. Le but de ces rencontres avait été d'arranger

---

[1]   C'est précisément ici que surgissent, à propos, des formules telles que "l'effet du réel", "faire de l'histoire", et "raconter des histoires", liées au processus de la réécriture; cf. Michel de Certeau, *L'écriture de l'histoire* (Paris: Gallimard, 1975), pp. 27-62; et Claude-Gilbert Dubois, *La conception de l'histoire en France au XVIe siècle* (Paris: Nizet, 1977), pp. 580-81.

l'union entre le futur Henri II et Catherine de Médicis. Ces événements constituent les toutes dernières pages de la *Storia d'Italia*. Guichardin souligne, lui, la déception et l'hypocrisie du pape qui signe d'abord un traité avec Charles V et lui promet de ne pas en faire avec d'autres, mais étant donné que "era eccellente nelle simulazioni e nelle pratiche nelle quali non fusse soprafatto del timore" (XX : vii, 313), il n'hésite pas, lorsqu'il rencontre François Ier, à consentir à augmenter le nombre de cardinaux français et à céder le duché de Milan au duc d'Orléans afin d'assurer la déstabilisation de l'emprise espagnole sur les territoires pontificaux et donc la dissolution de l'armée de l'empereur. Montaigne, de son côté, note que "à l'entreveue que se dressa du pape Clement et du Roy François à Marseille, le Roy y ayant ordonné des apprets necessaires, s'esloigna de la ville et donna loisir au pape de deux ou trois jours pour son entrée et refreschissement, avant qu'il le vint trouver"(I : xiii, 49A). Mais Guichardin révèle que le roi et le pape s'étaient retrouvés secrètement la nuit de l'arrivée de celui-ci ("che prima l'avea visitato, di notte" [XX : vii, 314]). Montaigne avait lu attentivement cet épisode, comme l'atteste remarquablement l'emploi dans cet essai d'un mot en particulier. Pour caractériser l'entrevue entre François Ier et Clément VII, Guichardin emploie par deux fois *abboccamento* et une fois *abboccare*. Et de son côté, Montaigne emploie *abouchemens*. Une telle coïncidence serait déjà en soi plutôt exceptionnelle, mais compte tenu que c'est ici l'unique occurrence de ce vocable dans les *Essais* , la lecture attentive et contextuelle de ces événements ne laisse plus aucun doute : "C'est, *disent-ils*, une ceremonie ordinaire aux abouchemens de tels Princes" (I : xiii, 49A). Or, Montaigne, au moyen d'une recontextualisation va de nouveau stériliser ses lectures, et cette transfiguration rebondira surtout dans les relectures de ses propres textes, les allongeails. Et *abouchemens* sur le coup devient ainsi un mot emblème relevant de sa littéralité.

En effet, le sujet de la "Ceremonie de l'entreveue des roys" est l'importance de la civilité que l'essayiste dénote : "la science de l'entregent" (I : xiii, 49C). Cette science se rapporte non seulement aux relations civiles entre les personnes mais aussi entre l'essayiste et ses lectures, et entre l'essayiste et ses lecteurs ; cette science est "comme la grace et la beauté..." (49C). Evidemment dans ce domaine exemplaire et instructif montaignien il ne peut y avoir de place pour Clément VII ou pour la moralité intéressée de Guichardin — bien que l'égocentrisme de l'essayiste et la métatextualité des *Essais* ne se situent pas entièrement en dehors d'un égoïsme montaignien dominant.

Dans la conférence que l'essayiste exerce avec l'historien florentin, il est évident que Montaigne et Guichardin s'abouchent mais hiérarchiquement puisque l'essayiste tout en assimilant l'historien florentin veut se distinguer de ce dernier pour que les *Essais* ne sombrent pas dans les remous qui ballottaient la *Storia d'Italia* tout autant, par exemple, que la *Servitude volontaire*. Par conséquent, l'essayiste pratique un tri, un bricolage, un découpage de ses lectures représentant un Montaigne qui n'est pas menteur. En bon parlementaire et rhéteur, il ne dit pas — simplement — toute la vérité. En fait, tout au début de son jugement sur Guichardin, il avait déjà, dans une parenthèse, averti son lecteur de son insuffisante suffisance : "(Car quelque langue que parlent mes livres, je leur parle en la mienne)..." (II : x, 398A).

VI

LODOVICO ARIOSTO

"A SAUTS ET A GAMBADES"

Même s'il ne veut pas l'admettre, Montaigne admire chez l'Arioste ce qui constitue un élément crucial de ses propres *Essais* : leur organicité, la pensée et l'écriture à pièces décousues, formant une certaine globalité sémantique — une marqueterie — grâce à un processus d'agglutination. Mais Montaigne distingue l'énonciation, ce qu'il dit de l'Arioste, de l'énoncé, ce qu'il pense de l'Arioste, car il cite le *Roland furieux* cinq fois et y fait allusion ainsi qu'à son auteur trois fois[1]. Bien que cette fréquence révèle déjà relativement le véritable statut de l'Arioste aux yeux de Montaigne, elle atteste surtout, et à plus d'une reprise, une certaine réserve vis-à-vis de la culture contemporaine pour mieux valoriser la culture classique, et de cette façon, en ce qui concerne Montaigne, pour mieux rehausser ses propres *Essais*, qu'il veuille l'admettre ou non. Du *Roland furieux* et dans le contexte de ses *Essais*, Montaigne tire les notions suivantes : l'amour inaccessible et l'obsession

---

[1] Dans ce contexte il suffit de rappeler la référence à l'Arioste dans le *Journal de voyage*: "Nous vismes en une eglise, l'effigie de l'Arioste, un peu plus pleine de visage qu'il n'est en ses livres; il mourut eagé de cinquante neuf ans le 6 de Juing 1533" (pp. 179-80). Ces remarques s'interrogent d'abord sur le concept de la représentation. Quel portrait est le plus mimétique? Celui de l'église ferraraise de S. Benedetto où l'Arioste fut enterré ou plutôt ceux qui se trouvent dans les éditions de *l'Orlando furioso*? Qui est le véritable Arioste? Celui de ses livres ou celui qui a vécu et qui est mort? En outre, ce qui est remarquable et révélateur des relations que l'essayiste entretient avec le Ferrarais est le fait que le voyageur périgourdin (même si c'est le secrétaire qui rédige) spécifie la date de la mort du poète qui coïncide avec l'année de la naissance de Montaigne (ce dont le secrétaire devait être également conscient). Or, coïncidence d'enchaînement, de continuité: mort/naissance. Et Montaigne mourra aussi à l'âge de 59 ans...

du désir, le combat existentiel et la recherche de l'assiette, l'auto-déception voulue sur soi et sur les autres, honneur et conscience, l'écriture et le silence. En somme, un microcosme, en grande partie une mise en abyme, et du *Roland furieux* et des *Essais*.

Il n'est pas insolite qu'on dénigre ce dont on veut se faire l'émule, surtout s'il y a une similarité et un rapport étroits entre les deux objets en question. C'est précisément ce qui a lieu entre Montaigne et l'Arioste ; l'auteur des *Essais* reproche à l'auteur du *Roland furieux* ce qui le caractérise lui-même, notamment une écriture — une composition — à l'apparence décousue[1]. Cette critique de portée auto-référentielle Montaigne la fait très astucieusement à deux reprises par le biais d'une comparaison de Virgile et de l'Arioste :

> S'ils se piquoient de cette comparaison, que diroient ils [Virgile et Lucrèce] de la bestise et stupidité barbaresque de ceux qui luy comparent à cette heure Arioste ? et qu'en diroit Arioste luy-mesme ? *O seculum insipiens et infacetum!* ...en la comparaison de l'*Æneide* et du *Furieux*. Celuy-là, on le voit aller à tire d'aisle, d'un vol haut et ferme, suyvant tousjours sa pointe ; cettuy-ci voleter et sauteler de conte en conte comme de branche en branche, ne se fiant à ses aisles que pour une bien courte traverse, et prendre pied à chaque bout de champ, de peur que l'haleine et la force luy faille. *Excursusque breves tentat.*
> (II : x, 390, 392A)[2]

Personne ne contredira peut-être Montaigne sur la supériorité de Virgile par rapport à l'Arioste. Néanmoins "l'alleure poetique, à sauts et à gambades" (III : ix, 973B) qui ailleurs plaît tant à Montaigne est en fait ce qu'il refuse chez l'Arioste. Par exemple, il se hâte de déclarer qu'il est attiré par Sénèque et Plutarque, car "la science ... y est traictée à pièces

---

1   Malgré un intérêt en Italie des plus heureux et des plus abondants envers Montaigne, les rapports avec l'Arioste ne sont guère exploités; cf. notre article sur Montaigne et la critique italienne: "Recent Italian Criticism on Montaigne (1880-1973)," *Revue de Littérature Comparée*, 52 (1978), 74-97.

2   Alexandre Cioranescu avait déjà émis des doutes sur certains jugements de Montaigne: "Il est d'ailleurs évident que le grand moraliste a un faible pour le poème de l'Arioste, malgré tout ce qu'il en dit" (*L'Arioste en France des origines à la fin du XVIIIe siècle* [Paris: Les Editions des Presses Modernes, 1939], I, p. 40)

décousues" (II : x, 392A). Puisque la séparation ou distinction arbitraire entre fond et forme lui convient pour le moment, il s'en sert. Donc, il sait très bien que ses incursions chez l'Arioste traduisent une signification d'un univers inconstant et fragmenté, et une assertion de la fantaisie et de l'organicité sémantique.

Tout comme Montaigne, l'Arioste observe un savoir multiforme et variable au moyen de ces déplacements épisodiques abrupts que résume une poétique de la rénovation et de la manipulation, frivole seulement en apparence, au moyen d'une matière déjà bien usagée : notamment les prouesses de Roland et de ses paladins. Montaigne d'ailleurs n'hésite pas à d'autres reprises à s'exprimer honnêtement au sujet de la validité exemplaire d'une poétique du détour sur laquelle se fondent essentiellement les *Essais* : "Je m'esgare, mais plustost par licence que par mesgarde. Mes fantasies se suyvent, mais parfois c'est de loing, et se regardent, mais d'une veue oblique" (III : ix, 973B). L'essayiste ne pourrait mieux se définir et en même temps reconnaître les mérites du *Roland furieux* en rendant ainsi hommage à l'Arioste. Ses remarques sur le *Roland furieux* font donc partie d'une rhétorique humaniste qui souvent, et faussement à bien des égards, avilit le passé immédiat (le Moyen Age) et se distancie jalousement des contemporains[1]. En effet, l'Humanisme n'est pas exempt parfois d'un certain terrorisme intellectuel vis-à-vis du passé immédiat.

Le *Roland furieux* sert à Montaigne de référent pour circonscrire la femme et pour démontrer la vaine poursuite du désir amoureux. Il postule un double idéal féminin : Angélique, la femme objet du désir et presque symbole sexuel, et d'autre part Bradamante la guerrière, la femme masculine, à la fois émule et véritable compagne de l'homme. Située dans "De l'institution des enfans" (I : xxvi), cette typologie de femmes manifeste le choix qui s'offre à l'homme, et l'essayiste/gouverneur par le truchement de son *disciple* se garde bien lui-même de choisir entre les deux femmes, mais la balance penche tout de même du côté de

---

[1] Faut-il rappeler la lettre de Gargantua à Pantagruel: "Le temps estoit encore ténébreux et sentant l'infélicité et calamité des Goths, qui avoient mis à destruction toute bonne littérature" (François Rabelais, *Pantagruel* in *Œuvres complètes*. Collection l'Intégrale [Paris: Editions du Seuil, 1973], ch. 8, p. 246).

Bradamante puisque Angélique est considérée comme *molle* et *artificielle* :

> Et quand il commencera de se sentir, luy presentant Bradamante ou Angelique pour maistresse à jouir, et d'une beauté naive, active, genereuse, non hommasse mais virile, au prix d'une beauté molle, affettée, delicate, artificielle ; l'une travestie en garçon, coiffée d'un morrion luysant, l'autre vestue en garce, coiffée d'un attiffet emperlé ; il jugera masle son amour mesme, s'il choisit tout diversement à cet effeminé pasteur de Phrygie. (161C)

Aussi aujourd'hui dirait-on que si Montaigne devait choisir entre la ménagère et la féministe, il préférerait celle-ci, tout du moins dans ce contexte et malgré ce qu'il déclare ailleurs à l'égard de sa propre épouse.

Cette référence à Angélique et Bradamante démontre encore chez Montaigne un processus de lecture et d'interprétation partant d'une abstraction, d'une emblématisation et cristallisation, et menant ensuite à une signification plus nette du texte lu dans ce nouveau contexte dans lequel il figure ; dans l'essai, l'opposition Angélique/Bradamante est clairement énoncée sans autre encombrement épisodique, ce qui ne serait pas le cas dans le *Roland furieux*.

C'est là une différence essentielle entre une allégation globale non-textuelle, ici au sujet de Bradamante et Angélique, où Montaigne peut cerner une interprétation et une opinion sur la femme, et, par contre, une citation textuelle qui exige, elle, de la part du lecteur/critique un maniement intertextuel afin d'en saisir toutes les réverbérations sémantiques.

Bien que ce soit l'inaccessibilité de l'objet du désir qui, dans un premier temps, fait rejoindre Montaigne et l'Arioste, le véritable point de contact se révèle plutôt dans la triste réalisation du caractère éphémère des relations affectives. Dans "De l'amitié," Montaigne cite le *Roland furieux* pour opposer les frustrations de l'amour à l'harmonie de l'amitié ; l'amant est le chasseur qui poursuit un lièvre sans cesse hors d'atteinte :

> Come segue la lepre il cacciatore
> Al freddo, al caldo, alla montagna, al lito,

Né più l'estima poi che presa vede ;
E sol dietro a chi fugge affretta il piede.
(I : xxviii, 184A)

Dans le *Roland furieux*, ces vers (X, 7) font partie d'un long préambule, de plusieurs huitains au dixième chant, qui préfigure l'infidélité de Bireno envers Olimpia. Ensuite la plupart du chant décrira l'amour idyllique de Bireno et Olimpia dont le lecteur sait déjà qu'il ne va pas durer ; l'Arioste manipule donc encore sa narration afin d'en tirer toutes les nuances ironiques possibles ; cette manipulation et l'ironie qui s'y joint veulent faire ressortir, mais pas uniquement, les faiblesses de l'homme et son impuissance devant les forces contrôlant l'univers. De son côté, Montaigne en citant ces vers dans un but rhétorique, pour valoriser sa conception de l'amitié, ne s'éloigne guère en fait dans son essai, quoi qu'il prétende, de l'Arioste, car il y déplore la courte durée de son amitié avec La Boétie, et l'essai devient une tentative de ressaisir, de reconstituer, ce passé afin de lui conférer une permanence que le temps humain lui nie. Il se dégage par conséquent, une ironie résultant du contraste entre le contexte montaignien localisé dans lequel se situe rhétoriquement la citation de l'Arioste et le contexte et le sens global de l'essai. Tout comme l'Arioste fait semblant de déjouer le lecteur après l'avoir bien averti, Montaigne s'aligne avec l'Arioste tout en faisant semblant de s'opposer à lui.

Les quatre autres citations du *Roland furieux* se situent et chez l'Arioste et chez Montaigne dans un domaine essentiellement ontologique qui, à son tour, se rapporte à une métatextualité. On aboutit donc dans ces instances à une osmose entre la condition humaine accompagnée d'une certaine vie active, et d'autre part, la vie privée, retirée, à laquelle s'ajoute le choix entre le parler et le silence. Littéralement la question se pose, pour commencer, à "l'heure des parlemens dangereux" (I : vi) où l'on a le choix entre parlementer et combattre ; le parlementer — le parler — est subverti, car il fournit l'occasion de trahison de la part de l'ennemi : pendant que l'on parle, l'autre peut en profiter pour attaquer. En revanche, le combat permet d'exercer un contrôle plus efficace — bien que l'issue ne provienne pas toujours d'une cause humaine, et c'est ici qu'intervient l'Arioste :

Fu il vincer sempre mai laudibil cosa,
Vincasi o per fortuna o per ingegno.
(31A)

En fin de compte Montaigne opte pour le combat face à face, ce qui est souligné encore dans une assez longue addition de 1588 terminant l'essai[1].

De leur côté, les deux vers de l'Arioste commencent le deuxième chant du *Roland furieux* et valorisent également le combat, surtout s'il n'est pas sanglant. En outre, le protagoniste de cet épisode, Agramante, saute un fossé pour pouvoir combattre et tout à coup se trouve face à face avec Charlemagne (X, 1-9). A ce moment, l'Arioste interrompt cet épisode et revient à Astolfo ; il contrôle et jongle ainsi avec son univers imaginaire. Il évite de cette façon un certain dogmatisme que l'essayiste débutant trouve encore nécessaire, car ces interruptions ariostesques veulent représenter un univers arbitraire et fragmenté que domine une simultanéité événementielle, ce qui ne devait pas échapper à l'essayiste.

La manière de porter de lourdes armures constitue la matière du discours dans "Des armes des Parthes" (II : ix), et ce sujet devient en fait la métaphore du moyen de supporter les adversités d'une condition existentielle batailleuse et de s'en protéger. Autrement dit, comment transformer lourdeur en légèreté, sans suivre l'exemple des Parthes dont les armures étaient faites de plumes, mais au contraire que le fer soit la plume. On ne doit pas éviter la lourdeur, mais la rendre la plus flexible possible grâce à de nouvelles habitudes, de la maîtrise de soi, d'un engagement, et de l'imagination. Lorsqu'il cite l'Arioste, Montaigne veut démontrer que porter les armures n'est qu'une habitude, et, par conséquent, leur lourdeur finit par ne plus être remarquée :

---

[1]   Voici la citation de l'*Enéide* (X, 732) qui termine l'essai et subvertit *fortuna* et *ingegno*:

Atque idem fugientem haud est dignatus Orodem
Sternere, nec jacta caecum dare cuspide vulnus:
Obvius, adversoque occurrit, seque viro vir
Contulit, haud furto melior, sed fortibus armis. (I: vi, 31B)

or il n'est que la coustume qui nous rende supportable la charge
de nos armes :
L'husbergo in dosso haveano, e l'elmo in testa,
Dui di quelli guerrier, de i quali io canto,
Ne notte o dì, doppo ch'entraro in questa
Stanza, gli haveano mai mesi da canto,
Che facile a portar come la vesta
Era lor, perchè in uso l'avean tanto.
(II : ix, 385A)

Chez l'Arioste, cette citation se trouve dans un contexte de
mystification ; Sacripante et Orlando sont dans le château enchanté
d'Atlante et, bien qu'ils ne portent pas leur heaume, ils ne sont ni vus ni
reconnus par Ferrau lorsqu'ils le rencontrent.

Il s'établit alors un rapport sous-textuel très étroit entre l'essai de
Montaigne et le contexte de la citation. Chez Montaigne, la lourdeur des
armures n'existe que si on ne se dresse pas contre les contingences de
cette condition, et l'essayiste préconise que la volonté de croire au fer
transmué en plumes le rendra léger. De même chez l'Arioste, les ennemis
ne se voient pas grâce à une force extérieure enchanteresse et peuvent
donc se tolérer. Or, cette citation de l'Arioste chez Montaigne peut se lire
dans son contexte immédiat : il est aisé de porter de lourdes armures si
l'on en a l'habitude ; soit dans le contexte global de l'essai : le pouvoir
de l'imagination et de l'enchantement pour transformer le lourd en léger
— au sens propre et au sens existentiel. Le rapport oblique et implicite
que révèle le deuxième cas s'avère peut-être le plus important et atteste,
de la part de Montaigne, une lecture du *Roland furieux* bien plus que
littérale, et des plus sensibles, qui contrebalance et atténue la rhétorique
apparemment négative de l'essayiste vis-à-vis du poète ferrarais.

Pour l'homme d'action, le combat, c'est-à-dire le vivre en soi et
pour soi, s'entreprend pour le contentement de sa propre conscience et
non afin de se glorifier. Cette proposition sous-tend "De la gloire" (II :
vi) et articule la nécessité d'une activité dans le cadre d'une auto-
suffisance ; et aussi déclenche-t-elle la citation de tout un huitain du
Roland furieux.

De prime abord, cette citation distingue le faire selon sa conscience
du dire vain , et s'intègre ainsi dans le contexte limité où elle se situe chez

Montaigne et dans le sens global de l'essai qui amalgame ontologie : une
assiette ferme contre les adversités de la fortune, et vertu : le bien faire :

> Credo che 'l resto di quel verno cose
> Facesse degne di tenerne conto ;
> Ma fur sin' a quel tempo si nascose,
> Che non è colpa mia s'hor' non le conto :
> Perchè Orlando a far opre virtuose,
> Più ch'a narrarle poi, sempre era pronto,
> Né mai fu alcun' de li suoi fatti espresso,
> se non quando hebbe i testimonii appresso.

Il faut aller à la guerre pour son devoir, et en attendre cette
recompense, qui ne peut faillir à toutes belles actions, pour
occultes qu'elles soient, non pas mesme aux vertueuses pensées,
c'est le contentement qu'une conscience bien reglée reçoit en soy
de bien faire. Il faut estre vaillant pour soy-mesmes et pour
l'avantage que c'est d'avoir son courage logé en une assiette
ferme et asseurée contre les assauts de la fortune.
                    (II : xvi, 606-07A)

En fait, les deux derniers vers du huitain suggèrent que c'est à
certains d'agir et à d'autres de dire *ipso facto*, de représenter. De plus, le
contexte chez l'Arioste renforce et développe l'analogie agir/écrire ou
exploits/écriture par l'intermédiaire de la métaphore du printemps. Dans
le huitain suivant celui que cite Montaigne, l'Arioste fait coïncider le
retour du printemps, accompagné d'un zéphir inspirateur, avec le
renouveau des exploits de Orlando, analogiques à la renaissance de la
nature ; il en résulte donc le concept d'une nature comme palimpseste du
texte qui s'écrit, d'autant plus que nous sommes à la fin d'un chant :

> Passò il resto del verno così cheto
> che di lui non si seppe cosa vera :
> ma poi che 'l sol ne l'animal discreto
> che portò Friso, illuminò la sfera,
> e Zefiro tornò soave e lieto a rimenar la dolce primavera ;

> d'Orlando usciron le mirabil pruove
> coi vaghi fiori e con l'erbette nuove.
> (82)[1]

Il se produit, par conséquent, dans ces vers de l'Arioste, y compris dans ceux qui sont cités par Montaigne, une équivalence entre exploits et texte qui n'échappe pas à Montaigne étant donné la consubstantialité du Moi et du texte sous-jacent les *Essais* .

En effet, l'essai "De la gloire," tout en disséquant ce sujet pro et contra, finit par privilégier une sorte de solipsisme de la conscience ; autrement dit, Montaigne défend ici sa vie de *librairie*, i.e. l'écriture des *Essais* , contre la gloire de la vie publique. Tout l'essai, d'ailleurs, se réduit à ce choix existentiel, tel que le démontre la dernière phrase de l'essai, elle-même un dernier ajout : "Toute personne d'honneur choisit de perdre plustost son honneur, que de perdre sa conscience" (I : xvi, 614C). En plus de ses acceptions ordinaires, *conscience* ici veut dire également le droit de faire un choix ; la *librairie*, elle, signifie la validité de ce choix que les autres, peut-être, ne comprennent pas. Or, le rapport implicite entre ontologie et texte remonte à l'incipit de l'essai : "Il y a le nom et la chose ; le nom, c'est une voix qui remerque et signifie la chose ; le nom, ce n'est pas une partie de la chose ny de la substance, c'est une piece estrangere joincte à la chose, et hors d'elle" (I : xvi, 601A). La distinction que fait Montaigne entre le texte et son référent sémantique, entre sa *renommée* actuelle et la vérité, s'insère évidemment dans un discours cratylique et dans une auto-dépréciation continue du texte, à la fois réelle et ironique, mais elle se résorbe en convergeant sur les deux derniers vers de l'Arioste : "Ne mai fu alcun' de li suoi fatti espresso, / Se non quando hebbe i testimonii appresso" (607A). En fin de compte, c'est à la postérité de juger, de proclamer et fabriquer la gloire, par ses propres écritures et lectures, comme Montaigne lui-même

---

1 *Orlando furioso*, éds. Santorre Debenedetti et Cesare Segre (Bologne: Commissione per i Testi di Lingua, 1960), p. 321.

le fait vis-à-vis des anciens et de ses contemporains. C'est là l'ultime et durable gloire.

Malgré cette certitude, le doute persiste et se manifeste : 1) par la recherche d'une assiette spirituelle (une ontologie défaillante), 2) par la négation du savoir (cette inscience épistémologique), et 3) par un débit verbal qui appelle le silence (le texte qui se nie) ; en somme, ces composantes du doute articulent une discorde et un branle perpétuel qui s'opposent au silence, à une situation idéale, utopique donc inaccessible. Il n'est pas fortuit que la dernière citation de l'Arioste, englobant ces éléments se trouve dans l'*Apologie de Raymond Sebond*, et, de nouveau, l'intertexte, en renvoyant à l'un et l'autre textes, fertilise et révèle leur signification au-delà des premières apparences.

C'est en associant l'impossibilité de savoir et la corruption que Montaigne cite l'Arioste. L'essayiste suggère en outre, au moyen d'un exemple précédant la citation, que le manque de réussite dans la poursuite du savoir peut aboutir au suicide, qui serait même un suicide excusable (II : xii, 476B) ; l'argument ici serait-il plutôt rhétorique que de bonne foi ? Montaigne se demande si la vie naturelle, sans contrainte et sans lois humaines, n'est pas préférable aux prétendus progrès et ordre institués par le système juridique et ses protagonistes incultes ; et de citer tout un huitain du *Roland furieux* pour sembler se justifier :

> Di cittatorie piene e di libelli
> D'esamine e di carte di procure,
> Avea le mani e il seno, e gran fastelli
> Di chiose, di consigli e di letture :
> Per cui le facultà de' poverelli
> Non sono mai ne le città sicure ;
> Avea dietro e dinanzi, e d'ambi i lati,
> Notai, procuratori e advocati.
>   (477A)

Or, chez l'Arioste cette citation se trouve dans un contexte opposant la discorde au silence, et ce discours s'effectue dans un domaine allégorique. Le huitain en question (XIV, 84) sert à décrire Discorde que rencontre l'archange saint Michel parti à la recherche de Silence vers lequel l'envoyait l'empereur Charlemagne pour faire venir silencieusement à Paris les troupes arrêtées au large de la Picardie. Discorde commente que Fraude, étant une compagne de Silence, pourrait peut-être lui indiquer où Silence se trouve (cf. XIV, 86). Donc, Silence n'a plus de connotation moralement négative mais a rejoint par contre des régions sémantiques plus éthérées et inaccessibles.

A leur tour, Montaigne et l'Arioste se rejoignent par l'analogie qu'ils font à propos du dire, considéré ici comme une certaine écriture prolixe représentant ce qui est moralement corrompu ou décadent. Dans ces instances, le déversement verbal exerce une fonction didactique et correctrice, mais il est aussi réflexif : par son abondance même il constate en somme son insuffisance et propose la solution idéale du silence, de la page blanche. D'ailleurs, chez Montaigne cette problématisation de l'écriture sous-tend l'*Apologie de Raymond Sebond* ; en effet, l'essai suprême sur le doute et les faiblesses de l'homme, le fulcrum des *Essais*, est aussi le plus long. Quant à la citation de l'Arioste dans l'*Apologie*, elle devient par conséquent emblématique, une réduction, une mise en abyme, d'une des questions cruciales de cet essai, et des *Essais* , qui pénètre au coeur de la symbiose pensée/écriture : plus on doute, cherche, explore, plus on s'épanche verbalement, et plus on met en question ces écoulements de la plume sans résoudre le dilemme — sauf par la persistance de cette symbiose[1].

Pour sa part, si Roland poursuit Angélique, i.e. si l'Arioste poursuit un idéal, une perfection, fuyante et inaccessible, Montaigne, lui, s'engage, à travers la lecture et sa relation avec les autres, à la quête d'un Moi également fuyant et inaccessible à cause de sa mobilité. Si l'Arioste au cours de sa poursuite devient sereinement conscient de la futilité et de la nécessité de sa condition, une des significations de la *pazzia di Orlando* devant l'éclatement de sa raison d'être — d'un centre sans cesse déplacé, Montaigne de même recherche un équilibre, son assiette au-delà de toute

---

[1]   Cf. les remarques très fines de Natalino Sapegno: " Anzitutto la struttura aperta e policentrica del libro, con la compresenza e l'intreccio di diverse azioni parallele, che ritrovano la loro unità, non in un esterno filo conduttore, bensì solamente nello sguardo equanime e onnicomprensivo dello scrittore" (*Convegno Internazionale Ludovico Ariosto* (Rome: Accademia Nazionale dei Lincei, 1975), p. 27.

incertitude épistémologique, car, quotidiennement, il constate et déplore autour de lui, entre autres, le déséquilibre tragique entre la *Ragion di Stato* et la *Ragion di Dio* et souhaite leur harmonie à laquelle il contribue profondément, tout comme le Ferrarais vit, sans espoir d'issue, le démembrement forcé de la péninsule italique.

Etant donné leur condition respective, il ne reste plus à ces deux gymnastes de la plume et de l'esprit à valoriser, en en jouissant, l'espace scriptural parcouru, non à pas pesants mais à sauts et à gambades pour se soulager et se distraire, fût-ce momentanément, du poids qui pèse lourdement sur la conscience du Ferrarais et du Périgourdin.

VII

TORQUATO TASSO

IMAGINATION POETIQUE ET ESPACE IMAGINAIRE

La question n'est pas pour nous de savoir si Montaigne a vu ou non le Tasse lors de son passage à Ferrare. Si cette rencontre est contestable[1], la présence du Tasse dans les *Essais* ne l'est aucunement. En effet, l'auteur de la *Jérusalem délivrée* et de l'*Aminta* est le poète italien le plus fréquemment cité dans les *Essais* [2]. Bien que ce fait quantitatif constitue déjà un réseau référentiel notable, il se valorise surtout par sa contextualité. Pour Montaigne, le Tasse figure inévitablement dans des lieux sémantiques textuels où l'imagination et la création poétique prennent le dessus sur la réalité, le quotidien, ou le vécu. Le Tasse est associé par conséquent dans l'esprit de Montaigne au sensuel et à la sensualité tels qu'ils se rapportent à la déraison, au subconscient et à l'inconscient, et à la production du texte. Le concept de

[1] En général on doute que Montaigne ait vu le Tasse; cf. Angelo Solerti, *Vita di Torquato Tasso*, I (Turin: Loescher, 1895), pp. 324-26; Luigi Foscolo Benedetto, "Il Montaigne a Sant' Anna, " *Giornale Storico della Letteratura Italiana*, 73 (1919), 218; Vittorio Lugli, *Montaigne* (Milan: Carabba, 1935), p. 95; William Boulting, *Tasso and His Times* (Londres: Methuen, 1907), p. 247.

[2] Cf. Pierre Villey, *Les sources et l'évolution des Essais de Montaigne*, I (Paris: Hachette, 1908), 227-28. Pour la fortune du Tasse en France, voy. Chandler B. Beall, *La fortune du Tasse en France* (Eugene, Oregon: University of Oregon Press, 1942); Joseph Cottaz, *L'influence des théories du Tasse sur l'épopée en France* (Paris: Editeur Italia, 1942); Italo Siciliano, "Il Tasso e la Francia," dans *Torquato Tasso. Atti del Congresso ferrarese per le celebrazioni di Torquato Tasso* (Milan: Marzorati, 1957), pp. 711-27; Carlo Cordié, "Sulla fortuna del Tasso in Francia. Il Tasso nelle testimonianze poetiche e nella critica di Victor Chauvet," *Studi Tassiani*, 8 (1958), 3-39; Carlo Cordié, "Torquato Tasso nella critica della Staël, del Ginguené e del Sismondi (1800-1813)," *Studi Tassiani*, 26 (1977), 39-93; Joyce G. Simpson, *Le Tasse et la littérature et l'art baroques en France* (Paris: Nizet, 1962).

l'imagination qui se dégage de ces rapports intertextuels finit par devenir le moteur ou la pulsion pour l'invention, et dans une grande mesure par l'analogie sexualité/textualité ; cette puissance génératrice débute dans un domaine sémantique physiologique et atteint une connotation métaphoriquement poétique[1]. En outre, le Tasse occupe dans l'esprit de Montaigne le rôle des plus obsédants d'un miroir réfracteur et surtout référentiel, comme si l'auteur des *Essais* éprouvait une anxiété de s'imaginer au bord du précipice dans lequel a échoué le créateur de la *Jérusalem délivrée* : il veut donc bien se garder de maintenir et même d'élargir la ligne de démarcation entre déraison et folie ou *furor poeticus*[2].

Cette obsession éclate vivement dans l'*Apologie* où sont mises en question non seulement les limites de la raison mais également les dangers qu'il y a à trop essayer cette faculté, sous forme de déraison, telle que le Tasse l'incarne. Cette anxiété de stabilité liée au processus créateur retentira à travers les *Essais* et se manifestera concrètement, mais pas uniquement, par les citations que fait Montaigne du poète

---

[1]   L'ambivalence de Montaigne, suivant la tradition platonicienne ou aristotélicienne de la Renaissance, vis-à-vis de l'imagination a été étudiée par I.D. McFarlane, "Montaigne and the Concept of the Imagination," *The French Renaissance and Its Heritage. Essays Presented to Alan W. Boase* (Londres: Methuen, 1968), pp. 117-37; et S. John Holyoake, "Further Reflections on Montaigne and the Concept of the Imagination, " *French Studies*, 23 (1969), 497-523; cf. Grahame Castor, *Pléiade Poetics* (Cambridge: Cambridge University Press, 1964), pp. 168-70 ; et Dora Polachek, "Montaigne and Imagination : The Dynamics of Power and Control," *Le Parcours des Essais : Montaigne 1588-1988* (Paris : Aux Amateurs de Livres, 1989), pp. 135-45.

[2]   On a d'ailleurs déjà des aperçus suggérant partiellement la possibilité de cette relation spirituelle et les raisons de l'attraction de Montaigne envers le Tasse; cf. Pierre Michel, "Les deux voyages de Montaigne: l'Amérique et l'Italie des rêves," *Dante*, 4 (1935), 259; Arnaldo Pizzorusso, "Montaigne e la delimitazione dell'umano," *Da Montaigne a Baudelaire prospettive e commenti* (Rome: Bulzoni, 1971), p. 41; Denis Deurat, cité dans le *Bulletin de la Société des Amis de Montaigne*, 5-6 (1958), 1. Joseph Cottaz a remarqué en effet la distance entre l'imagination poétique et l'authenticité: "Son jugement [de Montaigne] donne à penser qu'un inventeur de chimères comme le Tasse devait se débattre entre ses fausses créatures et le témoignage que lui apportait sa conscience, ou tout du moins sa religion" (*Le Tasse et la conception épique* [Paris: Editeur Italia, 1942], p. 146) . Voir également mon "Recent Italian Criticism on Montaigne [1880-1973]," *Revue de Littérature Comparée*, 52 (1978), 90-91.

italien. Le texte de la prétendue visite au Tasse se transforme donc en une sorte de *fulcrum*, de pivot, à partir duquel rayonnent et vers lequel convergent les citations tassiennes et leur résonance sémantique pour formuler la circularité du réseau inter/intratextuel et afin de révéler ainsi un fondement crucial des *Essais* . Pour commencer, la référence au Tasse dans l'*Apologie* se situe dans un contexte sexuel ; plus précisément, la vitalité d'un esprit agité et travaillé ne peut rivaliser avec celle d'un être plus inconscient. Ce contexte sexuel et sensuel devient d'ailleurs emblématique des allusions au Tasse dans les *Essais* : "Et d'où vient, ce qu'on voit par experience, que les plus grossiers et plus lours sont plus fermes et plus desirables aux executions amoureuses, et que l'amour d'un muletier se rend souvent plus acceptable que celle d'un galant homme, sinon que en cetuy cy l'agitation de l'ame trouble sa force corporelle, la rompt et lasse ?" (II : xii, 471A). Si l'activité sexuelle se trouve diminuée par l'activité mentale, il est donc suggéré que l'acte d'écrire, découlant de l'agitation spirituelle, déplace et remplace l'acte physique brut. En outre, une fois que ce transfert a eu lieu, l'osmose anxiété/écriture entraîne sa propre destruction qui reste néanmoins une vive prise de conscience ainsi qu'un aiguillon des plus féconds. Pour sa part, la pulsion créatrice contient le germe de sa propre destruction, car on ne sait pas quand le mouvement oscillatoire de cette pulsion se trouvera interrompue, et que l'élan de l'agitation spirituelle ne reviendra chercher refuge dans l'écriture. C'est d'ailleurs la recherche du savoir qui mène l'esprit, poussé par l'imagination, à des limites de l'inconnu où il court le danger de basculer, de sombrer, dans l'abîme d'un néant insensé, d'où la contiguïté sagesse outrée/folie :

Dequoy se faict la plus subtile folie, que de la plus subtile sagesse ?... Aux actions des hommes insansez, nous voyons combien proprement s'avient la folie avecq les plus vigoureuses operations de nostre ame. Qui ne sait combien est imperceptible le voisinage d'entre la folie avec les gaillardes elevations d'un esprit libre et les effects d'une vertu supreme et extraordinaire ? ...
Quel saut vient de prendre, de sa propre agitation et allegresse, l'un des plus judicieux, ingenieux et plus formés à l'air de cette antique et pure poisie, qu'autre poëte Italien aye de long temps esté ? N'a il pas dequoy sçavoir gré à cette sienne vivacité

meurtrière ? à cette clarté qui l'a aveuglé ? à cette exacte et tendue
apprehension de la raison qui l'a mis sans raison ? à la curieuse et
laborieuse queste des sciences qui l'a conduit à la bestise ? à cette
rare aptitude aux exercises de l'ame, qui l'a rendu sans exercice et
sans ame ? J'eus plus de despit encore que de compassion, de le
voir à Ferrare en si piteux estat, survivant à soy-mesmes,
mesconnoissant et soy et ses ouvrages, lesquels, sans son sçeu, et
toutesfois à sa veuë, on a mis en lumiere incorrigez et informes.
(II : xii, 471-72AB)

Située ainsi au centre des *Essais*, cette présence angoissante du
Tasse plane sur l'oeuvre ; Montaigne constate le gouffre sur lequel
débouche la quête du savoir à travers l'acte d'écrire. Il ne se défera jamais
de cette oppression, de cette hantise tassienne qui devient pour lui un
spectre que concrétisent les citations. Plus tard, il résoudra et conquerra
cette frayeur existentielle au moyen d'une complémentarité d'opposés
typique de l'humaniste et de sa façon de penser : "il nous faut abestir
pour nous assagir, et nous esblouir pour nous guider" (II : xii, 472C).
C'est en somme une morosophie considérée sous une polarité et une
verticalité oscillatoires dont Pascal se prévaudra pour ses prédications
jansénistes et sa rhétorique théologale[1]. Mais comme toute solution de
Montaigne, celle-ci reste surtout valable dans le moment et dans le
contexte où elle figure. Dans l'inter/intratextualité tassienne,
l'éblouissement en guise d'imagination et de textualité/sexualité domine
tout en se réfractant implicitement et continuellement contre l'échec
paradigmatique et spectral du poète italien.

Il n'est sans doute pas fortuit que la première allusion au Tasse
(dans "De ne communiquer sa gloire" I, xi), contient déjà les ingrédients
sémantiques majeurs de l'intertextualité tassienne des *Essais* . De plus,

---

[1]   Le champ sémantique de "abêtir" chez Montaigne et Pascal a certainement
attiré l'attention des critiques; cf. Etienne Gilson, "Le sens du terme 'abêtir' chez
Pascal," *Les idées et les lettres* (Paris: Vrin, 1932), pp. 263-74; Benjamin F. Bart,
"'Abêtir' in Pascal and Montaigne," *Romance Philology*, 9 (1955), 1-6; Brian Foster,
"Pascal's Use of abêtir," *French Studies*, 17 (1963), 1-13; Stirling Haig, "A Further
Note on Pascal's abêtir: A Postcript," *French Studies*, 18 (1964), 244-46.   Voir
également notre "Conscience chez Montaigne et Pascal," *Saggi e Ricerche di
Letteratura Francese*, 14 (1975), 9-35.

elle met en relief une obsession, des plus remarquables de la Renaissance, de l'écrivain vis-à-vis de ses sources. Dans cet essai, Montaigne se demande si l'on doit expliciter ses dettes, sa gloire, ou s'il faut plutôt s'y adresser obliquement. Ici il y répond de cette dernière façon, mais en situant la citation du Tasse tout au début de l'essai, n'entend-il pas ainsi suggérer le rapport anxieux qui existe entre lui et son confrère italien, surtout si l'on tient compte du fait que cette citation domine l'essai par sa position, par sa présence quantitative (il n'y a que deux autres courtes citations d'une ligne chacune, qui ne figuraient pas dans la première édition) et par le contexte de l'essai qui opte dans ces circonstances pour l'usage elliptique et implicite d'autrui :

> La fama, ch'invaghisce a un dolce suono
> Gli superbi mortali, et par sì bella,
> E un echo, un sogno, anzi d'un sogno un' ombra
> ch' ad ogni vento si dilegua et sgombra.
>   (I : xli, 248A)

Le contexte de rêve précise de nouveau l'univers tassien selon Montaigne ; en fait c'est bien ce domaine "insensé" auquel est associé le poète italien. Il est annoncé d'ailleurs dès les premiers mots de l'essai et glisse vers la thématique de l'emprise et de l'engagement spirituel axé sur les pouvoirs de l'imagination et des impulsions par rapport à une vie sensuelle ou publique constamment contrariée par une rationalité contraignante : "De toutes les resveries du monde, la plus receuë et plus universelle est le soing de la reputation et de la gloire, que nous espousons jusques à quitter les richesses, le repos, la vie et la santé, qui sont biens effectuels et substantiaux, pour suyvre cette vaine image et cette simple voix qui n'a ny corps ni prise" (I : xli, 248A). Dans la scène en question de la *Jérusalem délivrée*, une sirène conseille à Rinaldo et à Armida de suivre la pente naturelle de leur désir l'un vers l'autre, au lieu de poursuivre la gloire vaine de la vie active, des combats, d'idéaux surannés, douteux et corrompus. L'amour doit donc supplanter la vie extérieure, publique et engagée. Le contexte de la scène tassienne même sous-tend par conséquent le conflit thématique à l'intérieur de l'essai (gloire explicitée ou oblique) et produit une interférence sémantique (engagement public ou pente naturelle de la vie privée) valorisant une gloire résultant de l'activité de l'essayiste qui suit en effet sa pente naturelle — mais sans échapper à des crises de conscience incessantes sur la culpabilité et insécurité vis-à-vis de son écriture ; c'est d'ailleurs un des mécanismes qui sert à la fois de pulsion d'écriture et de catharsis.

En fait, cette sémantique de gloire liée à l'engagement dans la vie publique, contrairement au repli sur soi se retrouve amplement dégagée dans "De mesnager sa volonté" (III : x), et cette connexion est d'autant plus intégrée à l'intertextualité tassienne qu'elle se rattache à la thématique de l'imagination du point de vue épistémologique ainsi que par le biais du désir[1]. Non seulement toute cette organicité thématique rejoint et le texte et le contexte tassiens de l'essai "De la gloire," mais elle y répond également en dévalorisant, dans cette instance tout du moins et surtout à la surface, le côté sensuel en faveur d'une sérénité et plénitude intérieures. La plurivocité métaphorique et sémantique du texte et contexte tassiens se trouve rapidement réduite pour traduire l'univocité d'une authenticité individuelle : "cet engagement aspre et ardant d'un desir impetueux jette incontinent l'esprit et les membres à l'indiscretion et au desordre... Elle[l'âme] peut voir et sentir toutes choses, mais elle ne se doibt paistre que de soy, et doibt estre instruicte de ce qui la touche proprement, et qui proprement est de son avoir et de sa substance" (III : x, 986B). La pente naturelle et la satisfaction d'un désir réciproque qui marquent le contexte de l'épisode tassien retournent ici sous le jour d'une auto-suffisance et d'une indépendance spirituelle pour valoriser un engagement modéré ; l'élan vers la gloire et le désir bien que vain et soumis à l'imagination doit se réaliser dans une vitalité maîtrisée.

Désir et réticence d'engagement, auxquels l'imagination sert de catalyseur, s'entrecroisent pour à la fois se stimuler et chercher à s'annuler. En fait, l'imagination est évoquée, employée, d'abord pour activer et ensuite pour être subvertie une fois que la mise en marche du

---

[1]   La thématique du désir dominant cet essai et ses apports philologiques à partir de vocables aux suffixes *dis-*, *des-*, et *ab-* a été notée par Jules Brody, "De mesnager sa volonté" (III, 10): lecture philologique d'un essai," *O un amy! Essays on Montaigne in Honor of Donald Frame*, éd. Raymond C. La Charité (Lexington, Kentucky: French Forum Publishers, 1977), surtout pp. 39-61.

désir a été effectuée. Ce jeu d'essor et de compensation aurait une raison d'être fonctionnelle si un élément d'inauthenticité ne s'introduisait, car ici Montaigne considère cet entrelacement de désir, imagination, et engagement sous la forme d'un rôle à jouer ; le sage se fait acteur : "Il faut jouer deuement nostre rolle, mais comme rolle d'un personnage emprunté. Du masque et de l'apparence il n'en faut pas faire une essance réelle, ny de l'estranger le propre... C'est assés de s'enfariner le visage, sans s'enfariner la poictrine" (III : x, 989BC). Or, l'acteur n'en reste pas moins authentique, mais à l'intérieur de son rôle emprunté, c'est-à-dire que l'activité et l'énergie nécessaire à réaliser l'acteur ne manquera pas au besoin[1]. Puisque la volonté se déploiera dans ce rôle et que l'imagination qui l'y pousse se retient seulement par rapport à un Moi intime, elle contribue à fixer un autre champ d'action non moins valable, bien qu'inauthentique.

Malgré les tentatives de rationalisation et d'engagement contrôlé, il reste que la volonté et l'imagination — le désir donc — finissent par prendre le dessus et deviennent incontrôlables. Quand on en arrive à ce point, le statut épistémologique est en danger, car le faux est considéré comme vrai ; les moyens justifient la fin : "Nous plastrons le faict ; nous sçavons comment nous l'avons dict et en quel sens, et les assistans le sçavent, et nos amis, à qui nous avons voulu faire sentir nostre avantage" (III : x, 997B). Il convient alors de battre en retraite, de retrouver son "arrière-boutique." Il ne s'agit pas d'abandonner la vie active ou publique mais plutôt d'intérioriser l'engagement, par conséquent de la maîtriser et l'authentifier ; la parure flagrante se transforme en habit sur mesure, en condition plus inhérente à la personne : "Pour moy, je louë une vie glissante, sombre et muette" (III : x, 999B)[2]. Cette situation souhaitée ne constitue pas une dévalorisation de l'imagination, au contraire, parce qu'elle ne pourrait être conçue sans une présence préalable de cette faculté qui effectue en somme le résultat modéré. Montaigne d'ailleurs explicite la fonction antithétique de

---

[1]   Cf. "Ay-je besoing de cholere et d'inflammation? Je l'emprunte et m'en masque" (III: x, 999B).
[2]   Cf. "Ces actions là ont bien plus de grace qui eschapent de la main de l'ouvrier nonchalamment et sans bruict" (III: x, 1001B).

l'imagination et télescope ainsi les pôles opposés de désir/raison tout en énonçant une donnée fondamentale de sa poétique : "Pour dresser un bois courbe on le recourbe au rebours" (III : x, 983B).

C'est précisément dans la maîtrise du désir sans s'en défaire que figure l'intertextualité tassienne dans les *Essais* , et le dilemme vie publique/vie privée sous-tend à la fois une crise de conscience et la pulsion créatrice. Lorsque Montaigne, dans "De l'affection des pères aux enfans", cite le Tasse, il le fait pour subvertir le mariage, ce qui s'accorde avec le contexte global de l'essai où la progéniture scripturale finit par l'emporter sur la naturelle :

> Ma hor congiunto a giovinetta sposa,
> Lieto hormai de' figli, era invilito
> Ne gli affetti di padre e di marito.
> (II : viii, 370A)

Mais le contexte de l'épisode tassien fait ressortir, au contraire, le statut privilégié du combat, de la vie engagée, publique, par rapport à la vie conjugale. Il faut remarquer cependant que l'interlocuteur, Orcano, professant cet avis au chevalier Argante, est un personnage féerique et lui-même maintenant dévoué à la vie familiale — mais après avoir éprouvé les périls des combats. D'une part, le caractère féerique et enchanteur de cet Orcano fait réapparaître l'hégémonie de l'imagination, paradigmatique des rapports entre Montaigne et le Tasse, et d'autre part, il donne une certaine ambiguïté à l'énoncé. En fin de compte, il importe moins de remarquer l'appropriation et la déformation contextuelle que l'entrecroisement dans l'essai, occasionné par les interférences contextuelles dans l'essai et dans l'épisode tassien, des dichotomies thématiques vie publique/vie privée et textualité/sexualité que déclenche la contiguïté désir/imagination.

L'imagination se fait valoir par rapport à l'ordre cosmique surtout lorsqu'il est manipulé par l'homme ; elle refuse, par exemple, d'accepter une réhabilitation du calendrier selon des normes solaires, et ce parti pris renvoie obliquement au Tasse.

Dans ces instances, elle l'emporte par conséquent sur un savoir scientifique, bien qu'arbitraire, et sur la raison en faveur du sensuel et de l'habitude. C'est là une problématique fondamentale de la *Jérusalem délivrée* reflétant une des crises de la Renaissance : la relation entre le passé et ses idéals et le présent, et la supériorité de l'un envers l'autre — crise incarnée dans le Tasse, qui a dû contribuer à son aliénation[1]. Chez Montaigne, ce refus du nouveau marque un besoin d'analyser et de comprendre un changement plutôt que de l'écarter définitivement. Ainsi ménager sa volonté est une façon de s'intégrer à soi-même et devient également une volonté de savoir à travers une imagination insensée nourrissant les plaisirs sexuels — métaphore du savoir : "L'eclipsement nouveau des dix jours du Pape m'ont prins si bas que je ne m'en puis bonnement accoustrer. Je suis des années ausquelles nous contions autrement. Un si ancien et long usage me vendique et rappelle a soy. Je suis contraint d'estre un peu heretique par là, incapable de nouvelleté, mesme corrective ; mon imagination, en despit de mes dents, se jette tousjours dix jours plus avant, ou plus arriere, et grommelle à mes oreilles" (III : x, 988C). Il n'est sans doute pas fortuit que l'essai suivant, "Des boyteux," débute par une reprise de cette question (III : xi, 1002B) et qu'il s'y trouve vers la fin une allusion au Tasse par rapport à une polysémie épistémologique dans un contexte érotique valorisant l'imagination (1012B).

Ce qu'on imagine vrai est aussi vrai que ce qui est considéré comme vrai rationnellement et scientifiquement. Le négativisme associé à

---

[1] Cette aliénation sous forme d'une opposition du monde chrétien au monde païen se voit par exemple dans l'épisode duquel Montaigne tire d'ailleurs une de ses citations tassiennes où Orcano contrebalance le caractère séculaire de Jérusalem et la nouvelle modernité des forces chrétiennes; une lecture allégorique ou emblématique de ces textes est, il va sans dire, inévitable:

Noi (se lece a me dir quel ch'io ne sento)
siamo in forte città di sito e d'arte,
ma di machine grande e violento
apparato si fa da l'altra parte.
Quel che sarà, non so: spero e pavento
i giudizi incertissimi di Marte,
e temo che s'a noi più fia ristretto
l'assedio, al fin di cibo avrem difetto. (X, 42; cf. 40-44)

Nous citons l'édition de la *Gerusalemme liberata*, éd. Bruno Maier, dans *Opere*, vol. III (Milan : Rizzoli, 1963) : Il n'est pas outré non plus de lire cette aliénation dans le cadre de la contre-réforme que le Tasse n'agrée peut-être pas tout à fait.

l'imagination se trouve renversé mais sans être nié ou annulé afin de suggérer une multiplicité sémantique. Dans "Des boyteux," Montaigne indique que les plaisirs érotiques sont augmentés avec une boiteuse, et lui-même y croit d'ailleurs puisqu'il l'a expérimenté (cf. *infra* pp. 146-48). La valeur polysémiquement épistémologique du contexte érotico-imaginatif s'explicite précisément par l'allégation au Tasse :

> Torquato Tasso, en la comparaison qu'il faict de la France à l'Italie, dict avoir remarqué cela, que nous avons les jambes plus greles que les gentils-hommes Italiens, et en attribue la cause à ce que nous sommes continuellement à cheval ; qui est celle mesmes de laquelle Suetone tire une toute contraire conclusion : car il dict au rebours que Germanicus avoit grossi les siennes par continuation de ce mesme exercice. Il n'est rien si souple et erratique que nostre entendement.
> (III : xi, 1012B)

L'imagination vaut donc le pragmatique sans aucune supériorité préalable de l'une sur l'autre, tout comme la raison, boiteuse certes, coexiste avec l'imagination. A ce flux épistémologique et ontologique s'ajoute une fluidité temporelle arbitraire que veut dominer l'imagination , ce qui explique le début de cet essai et une référence identique dans le précédent. Seul l'érotisme, par la médiation de l'imagination, fournit une certitude du savoir. En somme, c'est dans ce réseau sémantique de raison/imagination/savoir que se situe un des filons du référent tassien.

Ce référent tassien devient justement exemplaire d'une portée sémantique du concept d'imagination telle qu'elle se manifeste dans "De la force de l'imagination" (I : xxi). Le cadre sémantique que Montaigne y formule pour cette faculté explique et appuie nombre de citations ou d'allégations au Tasse et renforce ainsi leur présence autour de l'imagination. En effet, dans "De la force de l'imagination," on retrouve le réseau raison/ imagination/savoir sous-tendu en grande partie par la sexualité. Il s'agit pour la plupart d'exemples traitant de la transexualité, du pouvoir de l'imagination pour réaliser la jouissance érotique, du besoin de s'abandonner, de se désensibiliser, pour éviter toute frigidité ou stérilité ; et dans ce dernier domaine figure le contre-exemple le plus long (plus d'une page) où Montaigne lui-même, en créant une situation théâtrale, fait croire à de nouveaux mariés au pouvoir charmeur et érotique de médailles qu'il possède, si bien que "mes characteres se trouverent plus Veneriens que Solaires, plus en action qu'en prohibition" (I : xxi, 99C).

Cette thématique, cette énonciation, d'érotisme et sexualité, prévalant dans l'essai et accompagnée d'autres exemples et d'une discussion sur ce qui est incroyable, du point de vue rationnel et pragmatique, converge sur la question de la crédulité et sur le statut privilégié d'une rhétorique didactique mais plurivoque. Il importe surtout de multiplier les cas non selon leur vérité mais selon leur vraisemblance vis-à-vis de l'argument. L'imagination sert de force motrice pour une représentation multipliée qui voudra convaincre plutôt que prétendre à des normes du vrai communément acceptables : "Les discours sont à moy ... et qui n'en a point, qu'il ne laisse pas de croire qu'il en est, veu le nombre et variété des accidens... les tesmoignages fabuleux, pourveu qu'ils soient possibles, y servent comme les vrais" (I : xxi, 104BC)[1]. Cette valorisation de l'imaginaire et du plurivoque se revoit dans l'*Apologie* où est allégué le Platon de la *République* qui conseille les "fabuleuses feintes" pour instruire[2]. Mais Montaigne, en plus, recherche la polyvalence sémantique que l'imagination peut renforcer. Par conséquent, et peut-être en rappelant le *Pharmakon* de Platon, son ultime pensée dans "De la force de l'imagination" cristallise la plurivocité et le

---

[1]   Comme l'a souligné Frances Yates, cette virtualité poétique de l'imagination marque l'homme de la Renaissance: "Medieval man was allowed to use his low faculty of imagination to form corporeal similitudes to help his memory; it was a concession to his weakness. Renaissance Hermetic man believes that he has divine powers; he can form a magic memory through which he grasps the world; reflecting the divine macrocosm in the microcosm of the divine *mens*. The magic of celestial proportion flows from his world memory into the magical words of his oratory and poetry, into the perfect proportions of his art and architecture" (*The Art of Memory* [Chicago : University of Chicago Press, 1966], p. 172).

[2]   "... et, estant si facile d'imprimer tous fantosmes en l'esprit humain, que c'est injustice de le paistre plustost de mensonges profitables que de mensonges ou inutiles ou dommageables. Il dict tout destroussément en sa *République* que, pour le profit des hommes, il est souvent besoin de le piper... C'est la misere de nostre condition, que souvent ce qui se presente à nostre imagination pour le plus vray, ne s'y presente pas pour le plus utile à nostre vie" (II: xii, 492C).

multivoque et situe ainsi la portée épistémologique et sémantique de l'imagination : "Il n'est pas dangereux, comme en drogue medicinale, en un compte ancien, qu'il soit ainsin ou ainsi" (I : xxi, 105C).

Imagination et sexualité coïncident dans le même essai à cause de leur virtualité créatrice et procréatrice. L'inclusion et la prévalence de la thématique sexuelle entend traduire cette dualité sémantique résultant d'une oscillation inévitable entre le littéral et le figuré, topos des plus répandus figurant encore une fois dans un contexte platonicien, notamment le *Banquet* : "Pour tant est à Socrates action divine que la generation ; et amour, desir d'immortalité et Daemon immortel luy-mesmes" (I : xxi, 101C)[1]. Ce contexte résume deux essais du deuxième livre : "De l'affection des peres aux enfans" (viii) et "De la ressemblance des enfans aux peres" (xxxvii) et se retrouve magistralement plus tard dans le troisième livre dans "Sur des vers de Virgile" (v) où érotisme et création poétique, par le biais de l'imagination, se calquent. Et c'est précisément dans cette intersection que réapparaît le Tasse à un endroit crucial de ce dernier essai[2].

La présence tassienne figure au moment où est cité le passage virgilien qui non seulement donne le titre à l'essai mais fait surtout prévaloir l'imagination poétique sur la banale réalité. Montaigne d'ailleurs avant de citer le Tasse explicite la relation entre érotisme et création poétique et situe ainsi le contexte dans lequel il veut placer le poète ferrarais : "Qui ostera aux muses les imaginations amoureuses, leur desrobera le plus bel entretien qu'elles ayent et la plus noble matiere de leur ouvrage ; et qui fera perdre à l'amour la communication et service de la poësie, l'affoiblira de ses meilleures armes" (III : v, 826C). Le texte

---

[1]   Cette citation termine un "allongeail" de deux pages où figure pour l'essentiel le caractère indomptable du membre viril. Il est à noter en outre qu'environ sept pages sur les dix de cet essai datent d'après 1580. Que cette association recrudescente et pulsionnelle, imagination/sexualité, coïncide avec le réseau thématique tassien dans les *Essais* ne peut pas, sans doute, être attribué au poète italien, qui, lui, trouve néanmoins une place dominante dans cette textualité.

[2]   La conjonction sexualité/textualité, mais surtout dans "Sur des vers de Virgile," a été étudiée récemment par Terence Cave, *The Cornucopian Text. Problems of Writing in the French Renaissance* (Oxford: The Clarendon press, 1979), pp. 283-97. Cf. aussi note 1, p. 66.

tassien est donc encadré par une mise en scène soulignant d'une part l'osmose sexualité/textualité et d'autre part la citation de Virgile valorisant l'imagination poétique ("Venus n'est pas si belle toute nue, et vive, et haletante, comme elle est icy chez Virgile" [826C]). Littéralement Montaigne affirme que l'ardeur vénérienne ne disparaît pas totalement avec l'âge, mais il veut, en outre, vraiment déclarer la suprématie de la création poétique à tous les moments de la vie ; l'énonciation éoliennne du texte italien suggère d'ailleurs, sans aucun doute, le souffle poétique, servant ainsi de pont à la glose montaignienne de vent/passion à vent/inspiration :

> Tout asseché que je suis et appesanty, je sens encore quelques tiedes restes de cette ardeur passée :
> Qual l'alto Ægo, per che Aquilone o Noto
> Cessi, che tutto prima il vuolse e scosse,
> Non s'accheta ei però : ma 'l sono e 'l moto,
> Ritien de l'onde anco agitate e grosse.
> Mais de ce que je m'y entends, les forces et valeur de ce Dieu se trouvent plus vives et plus animées en la peinture de la poësie qu'en leur propre essence...
> (III : v, 826C)

Or, dans la *Jérusalem délivrée*, le contexte de la citation reste littéral et physique puisqu'il s'agit du combat entre Tancredi et Clorinda au moment où celle-ci rend son dernier soupir dans les bras de celui qui l'a mortellement frappé sans la reconnaître. Mais ce conflit, comme tout le chant épique tassien, exige également une interprétation emblématique ; il souligne le désaccord entre deux cultures (chrétienne et musulmane, ancienne et moderne, médiévale et renaissante), entre l'esprit masculin et féminin, entre le corps et l'esprit. En outre, la mort de Clorinda signifie la mort de l'amour, des valeurs corporelles en faveur des spirituelles, plus éternelles et idéalisées. Ici, le transfert du contexte tassien au contexte montaignien n'a pas causé de déformation sémantique, bien que Montaigne feigne de ne valoriser, explicitement, que le corporel, mais la glose qui suit le texte relève, au contraire, une évolution sémantique vers le spirituel et l'imaginatif — signe d'une lecture de la part de Montaigne ni superficielle, ni simplement parasitaire.

En stipulant un rapport indécis entre le langage des signes et le langage verbal, l'énoncé de l'imagination poétique et de sa suprématie, qui marque l'intertextualité tasso-montaignienne, vient se poser explicitement sur une citation de l'*Aminta* dans l'*Apologie*. A la fin de son drame pastoral et suivant le modèle du théâtre grec, le Tasse fait parler un choeur qui déclare que l'amour est maître du dire ou du silence et que son discours doit plutôt être naturel que docte ; d'autre part, le silence peut avoir plus de mérite que le langage verbal, mais le soliloque choral se termine néanmoins par une louange de la poésie, surtout de la poésie rustique naturelle et spontanée. C'est dans ce contexte tassien que se situent les deux vers cités par Montaigne :

> E 'l silentio ancor suole
> Haver prieghi e parole.
> (II : xii, 431A)

A son tour, le contexte montaignien remet en question le rapport entre sémiotique et verbalisation, car ayant loué le silence aboutissant au texte tassien, Montaigne s'élance dans une apparente logorrhée justement fameuse puisqu'elle reste assez insolite dans les *Essais*, d'où un désaccord voulu entre énoncé — valorisation d'un langage de signes, et énonciation — faconde verbale ; ce déséquilibre entre fond et forme sert à peser, balancer et contrebalancer contenu et contenant. De son côté, et comme le Tasse, Montaigne en effet argumente en faveur de langages sémiotiques aussi valables que l'expression verbale ; ces langages qui sont surtout propres aux animaux, selon Montaigne, redimensionnent d'ailleurs la remarque faite à la fin de la "visite" chez le Tasse plus tard dans la même *Apologie* ("Il nous faut abestir pour nous assagir, et nous esblouir pour nous guider" [472C]). Cette intratextualité cerne de plus en plus le réseau sémantique à l'intérieur duquel opèrent les apports tassiens dans les *Essais* ; ici, c'est la valorisation du langage des signes pour multiplier la fécondité de l'imagination poétique — mais toujours au sein du statut privilégié de l'écriture.

Le combat, et les blessures qui en résultent, le danger quotidien, et le *flirt* avec la mort traduisent en tant que métaphores ou situations emblématiques, une prise de conscience de son être, une introspection dans le plus profond de son être immuable, à laquelle répond l'écriture grâce à sa fonction cathartique et analytique. Dans ces conditions, l'imagination reste inébranlable malgré l'anéantissement temporaire du corps ; en fait liée à l'âme, esprit moteur de l'être, elle constitue le centre vital de notre essence. Ces configurations ontologiques et poétiques se dégagent nettement d'une grande partie "De l'exercitation" (II : vi) et le Tasse y figure deux fois consécutivement. Dans la strate A du texte de l'essai, la citation se limite au plan descriptif, mais celle de la couche textuelle B précise la portée analytique et ontologique de cet état de demi-conscience physique qui veut rapeller la conscience essentielle du fond des ténèbres du subconscient, tel le temps psychique proustien que la bouchée de madeleine fait surgir.

Et le fait que la citation de la strate B précède A entend distinguer le rôle sémantiquement élucidateur de l'apport tassien, car la *mente* du texte italien sert de référent dans la glose montaignienne à *âme* que l'essayiste veut circonscrire et ramener à la surface consciente :

> Perché dubbiosa anchor del suo ritorno,
> Non s'assecura attonita la mente.
> ....
> come quel ch'or apre or chiude
> Gli occhi, mezzo tra 'l sonno e l'esser desto...
>   (II : vi, 353BA)

La succession de ces deux citations fait ressortir encore le réseau sémantique régissant la présence tassienne dans les *Essais* , notamment le relèvement de l'espace entre conscient et subconscient, entre raison et déraison, entre *furor poeticus* et folie où se situe la pulsion de l'imagination que Montaigne cherche à distinguer, à définir, pour se comprendre et éviter les écueils sur lesquels a sombré son confrère italien. Cette réflexivité sur l'écriture se remarquait, d'ailleurs, dès le début de l'entreprise des *Essais* dans "De l'oisiveté" où l'essayiste virtuel devait déjà venir aux prises avec ses "chimeres et monstres fantasques" (I : viii, 34B), enfants terribles de son imagination.

Chez Montaigne cet état de demi-conscience corporelle devient en fait une condition exceptionnelle permettant une nouvelle lucidité basée sur une résurgence du flot subconscient ; une torpeur physique engourdissante se métamorphose en un éveil sublime hanté par une imagination récupératrice. Tandis que chez le Tasse les mêmes situations physiques jouent sur un sens de culpabilité pour ramener le protagoniste vers un christianisme épuré, lui-même figure d'un idéal constamment recherché et évanescent. Pour sa part, le lyrisme tassien, véritable débit affectif, résultant de ces épisodes se retrouve chez Montaigne sous forme d'un besoin de se dire, d'une compulsion d'écriture cathartique ; l'essayiste saisit une mort vivante, l'état de demi-conscience physique, et y trouve une assiette des plus favorables, car elle traduit une autonomie, une liberté hors de contingence, un moment tout à fait privilégié où oeuvre une imagination à l'intérieur de l'être : "C'estoit une imagination qui ne faisoit que nager superficiellement en mon ame, aussi tendre et aussi foible que tout le reste, mais à la verité non seulement exempte de desplaisir, ains meslée à cette douceur que sentent ceux qui se laissent glisser au sommeil... Je n'imagine aucun estat pour moy si insupportable et horrible que d'avoir l'ame vifve et affligée, sans moyen de se declarer... (II : vi, 354-55AB)[1]. Cette condition d'auto-suffisance et de prise de conscience acquiert son rôle prépondérant parce qu'elle constitue un autre moyen de l'analyse de soi. Tout exercice de l'esprit, toute activité de s'essayer, d'exercitation, se rapporte au Moi et le nourrit : "chacun est à soy-mesmes une très-bonne discipline, pourveu qu'il ait la suffisance de s'espier de près" (III : vi, 357A). La chute du cheval et la condition qui en résulte sont en somme une situation imaginaire, une mise en abyme du départ de Montaigne du Parlement de Bordeaux pour se consacrer en grande partie à sa tâche auto-référentielle à travers les *Essais*.

   Pour Montaigne, la métaphore du combat, si fréquente dans les deux premiers livres, offre une figuration de la situation existentielle contre laquelle il faut sans cesse s'essayer, et c'est dans ce contexte que

---

[1]   Cf. également: "Les Poetes ont feint quelques dieux favorables à la delivrance de ceux qui trainoient ainsin une mort languissante... Cependant mon assiete estoit à la verité très douce et paisible; je n'avoy affliction ny pour autruy ny pour moy; c'estoit une langueur et une extreme foiblesse, sans aucune douleur" (II: vi, 355A, 356A).

tout un huitain est cité dans "Couardise mere de la cruauté" (II : xxvii). Montaigne a d'ailleurs recherché chez le Tasse des instances de conflit se manifestant littéralement dans des épisodes de combat entre protagonistes. En fait, le chant XII de la *Jérusalem délivrée*, comprenant essentiellement le combat entre Tancredi et Clorinda, est cité trois fois sur les six fois que l'essayiste allègue cet ouvrage. Ici le texte tassien se situe au moment où Tancredi et Clorinda combattent ferme afin de valoriser l'escrime au lieu de la touche, autrement dit, la supériorité de l'art, de l'exploration sémantique, de la citation, sur la science et la certitude :

> Non schivar, non parar, non ritirarsi
> Voglion costor, nè qui destrezza ha parte.
> Non danno i colpi finti, hor pieni, hor scarsi ;
> Toglie l'ira e il furor l'uso de l'arte.
> Odi le spade horribilmente urtarsi
> A mezzo il ferro ; il pie d'orma non parte :
> Sempre è il pie fermo, è la man sempre in moto ;
> Nè scende taglio in van, nè punta a voto.
>   (II : xxvii, 676B)

La glose montaignienne de ce huitain confirme la valorisation de l'escrime ; il établit d'abord un contexte de l'inscience avant la citation, et après celle-ci il fait glisser la glose vers une réflexivité textuelle où est précisé l'art citationnel : "L'honneur des combats consiste en la jalousie du courage, non de la science ... Il est bien plus digne et mieux seant de s'exercer en choses qui asseurent, non qui offencent nostre police, qui regardent la publique seurté et la gloire commune" (676B). Evidemment, ces remarques se réfèrent aussi littéralement à un niveau sémantique politique, culturel et sociologique, et placées dans la globalité de l'essai, elles appuient l'agilité et la vaillance mais sans faire mourir les combattants, car l'essai en effet se veut contre une mort résultant d'une longue épreuve insensée — une des définitions que Montaigne donne de la cruauté. Sous ce jour, le combat entre Tancredi et Clorinda pourrait être considéré comme cruel puisque le chevalier chrétien combat et tue son amante païenne, n'apprenant qui elle est qu'après le coup fatal. Montaigne cautionnerait donc ainsi une certaine prudence, surtout dans le cadre historique de son époque.

L'importance emblématique, donc plurivoque, de cette huitaine, se dessine sur le coup par sa présence prépondérante dans l'essai qui la concerne puisqu'il n'y a dans cet essai de huit pages que quatre autres citations d'un ou deux vers latins chacune ; il faut noter en outre que la longueur de l'essai a au moins triplé au cours des strates B et C dans lesquelles se trouvent quatre des citations de tout l'essai y compris le huitain tassien. Or, la portée métaphorique de réflexivité textuelle, se rapportant à l'emploi et à la fonction d'épée conférés aux citations et suggérés dans le huitain ("Toglie l'ira e il furor l'uso de l'arte") est éclairé vivement dans les strates successives du texte : (B) "Nous allons apprendre en Italie à escrimer, (C) et l'exerçons aux depens de nos vies avant que de le sçavoir. (B) Si faudroit il, suyvant l'ordre de la discipline, mettre la theorique avant la practique ; nous trahissons nostre apprentissage" (II : xxvii, 675). C'est à nouveau un fait littéralement vrai, mais assumant de même un sens portant sur les emprunts textuels de Montaigne et sur ceux de tout écrivain de l'époque, car on puisait dans la littérature italienne, et dans d'autres, à tour de bras et on s'en parait — à la fois ornement et protection[1].

L'esquive fournit donc la réponse à un engagement problématique. Dans l'*Apologie*, le Tasse incarnait une déraison existentielle et abêtissante contrebalancée par la folie poétique, c'est-à-dire une imagination en délire en partie à cause d'une culpabilité ; ces deux conditions, déraison et fureur poétique, résultent d'une incessante poursuite d'une existence idéalisée irréconciliable avec une réalité contradictoire. En tant que paradigme de la condition aliénée du poète, le Tasse ébranle Montaigne et lui sert de repoussoir pour se situer dans une assiette moins anéantissante et oppressante mais toujours virtuelle et dynamique. De fait, le Tasse, exemple obsédant de l'anxiété d'écrire que Montaigne lui-même éprouve, finit par renforcer chez l'essayiste sa propre manière de vivre, de penser, tel qu'il se manifeste dans les *Essais*,

---

[1]   Sur l'emploi de la citation et de l'allégation chez Montaigne, voir Antoine Compagnon, *La seconde main* (Paris: Seuil, 1979), qui distingue à juste titre entre appropriation et propriété littéraire (pp. 349-56); cf. aussi Christine Brousseau-Beuermann, *La copie de Montaigne. Etude sur les citations dans les "Essais"* (Paris: Champion, 1989).

et d'écrire : disponibilité contrôlée envers la vie publique, collage ou marqueterie de points de vue, et assemblage et manipulation d'allégations, de contes et de citations. La figure spectrale, obsédante et refoulée du poète italien délivre quelque peu Montaigne d'une suffisance momentanément défaillante, en le poussant à tenir ferme dans sa tâche derrière le flux des conflits intérieurs et extérieurs. Cette assurance, constamment en besoin de renouvellement, est soulignée par la citation du huitain tassien, véritable emblème polysémique ou camée à couches épaisses, comme l'est toute citation dans les *Essais*, de laquelle "les paroles redites ont, comme autre son, autre sens" (III : xii, 1040B). Montaigne a trouvé chez le Tasse ce qu'il cherchait et craignait en lui-même — il se l'approprie et confère au poète un visage montaignien. Montaigne recherche, et, par conséquent, trouve une consécration de l'imagination et de la poésie (de l'écriture), en partie dans la formule génératrice de sexualité/textualité ; il manifeste également une méfiance apparente de la vie publique en valorisant la vie de la "librarie", sur le papier tout du moins. En somme, vu de la librairie de Montaigne, le fou de Ferrare est sage, si on ne suit pas tout morosophe éperdument. Mais sans aucun doute, Montaigne s'identifie avec le Tasse en ce qui concerne leur anxiété et prudence vis-à-vis de la fêlure spirituelle dominant leur époque, une fêlure qui devient de plus en plus une nouvelle rupture, sinon un schisme éclaté.

II

LES *VOYAGES*

ET

LES *ESSAIS*

VIII

INTERTEXTE FERRARAIS ET

VOYAGE TASSIEN

Il est axiomatique qu'un auteur voile plus souvent qu'il ne découvre la véritable pulsion créatrice de son écriture, et ce mécanisme psychologique chez Montaigne se remarque beaucoup plus vis-à-vis d'un contemporain qu'envers les écrivains du passé. Cette feinte, site protecteur de l'embryon d'écriture, se veut plutôt repère d'originalité que négation d'autrui ; elle se valorise d'ailleurs en tant qu'appât pour le lecteur tout en prétendant esquiver une dette envers autrui. Et dans ces conditions, la voie oblique l'emportera sur la spécificité, car la masse critique d'un étalage d'érudition et de citations produisant un certain champ sémantique ne révélera pas toujours le locus séminal. Il faudra plutôt rechercher cette graine fertile dans un lieu expressément caché, voire des plus insolites, puisqu'elle viendra appuyer un argument en apparence assez fade. Mais c'est l'hameçon que l'auteur nous lance pour nous inviter à retracer le trajet sinueux de son processus d'écriture. Et Montaigne, prestidigitateur d'allégations et de citations servant de charpente d'appui à son argumentation, figure parmi les plus rusés qui veulent se révéler tout en se cachant et qui se plaisent à dérouter leur lecteur afin de dresser leur jugement. Cette manière de révéler ses lectures, explicitement partielle et donc oblique, telle la pointe d'un iceberg, sert à réprimer, entre autres, une présence obsessionnelle d'un passé ou d'une présence livresque et à accomplir une catharsis pour libérer l'auteur de sa culpabilité résultant de son jeu de cache-cache envers ses lectures. Il ne s'agit pas pour le critique de rechercher les lectures de l'auteur simplement pour leur valeur intrinsèque mais plutôt de dévoiler leur fonction de tremplin dans la dynamique re-créatrice du texte nouvellement produit[1].

Ce genre de lecture, fonctionnant comme catalyseur, déclenche un dialogue entre deux ouvrages. On le remarque dans "Des boyteux" (III: xi) où Montaigne allègue un texte épistolaire du Tasse pour appuyer un des truismes des *Essais*, notamment qu'on peut toujours trouver deux opinions contraires sur un même sujet: "Torquato Tasso, en la comparaison qu'il faict de la France à l'Italie, dict avoir remarqué cela, que nous avons les jambes plus greles que les gentils-hommes Italiens, et en attribue la cause à ce que nous sommes continuellement à cheval ; qui est celle mesmes de laquelle Suetone tire une toute contraire conclusion : car il dict au rebours que Germanicus avoit grossi les siennes par continuation de ce mesme exercice" (1012B). Il est déjà significatif que Montaigne ne cite pas le texte tassien, mais s'y réfère par une paraphrase, surtout si on considère l'importance que cette seule allusion au *Paragone dell'Italia alla Francia* va prendre dans la composition de l'essai. En outre, il est sans doute permis de supposer que cette allusion furtive ne doit pas préclure une connaissance intime du texte italien intégral de la part de Montaigne ; au contraire, il se peut qu'elle figure, vers la fin de l'essai en fait, pour mettre la puce à l'oreille au lecteur.

"Des Boyteux" est essentiellement une mise en question de la raison humaine: cette faculté d'ailleurs est sujette au temps, non pas le calendrier — notion humaine arbitraire —, mais plutôt le *saeculum* — la durée terrestre et cosmique qui surplombe les divisions temporelles que l'homme institue. Cette soumission humaine à une conception globale du temps explique le début de l'essai qui en fait développe les différences temporelles et formule ainsi structuralement l'impuissance de la raison — tout l'essai qui va suivre — devant la situation temporelle et spatiale accablante. Et lorsque Montaigne entre en matière, après le long

---

[1]   Montaigne lui-même invite à une lecture oblique et révèle ainsi comment il faut déchiffrer sa propre écriture: "Il y a dans Plutarque beaucoup de discours estandus, très-dignes d'estre sceus, car, à mon gré, c'est le maistre ouvrier de telle besongne; mais il y en a mille qu'il n'a que touché simplement: il guigne seulement du doigt par où nous irons, s'il nous plaist, et se contente quelquefois de ne donner qu'une attainte dans le plus vif du propos. Il les faut arracher de là et mettre en place marchande" (I, xxvi, 156A).

paragraphe liminaire sur le temps, le dialogue avec le *Paragone dell'Italia alla Francia* fait immédiatement surface: "Je ravassois presentement, comme je faicts souvant, sur ce, combien l'humaine raison est un instrument libre et vague. Je vois ordinairement que les hommes, aux faicts qu'on leur propose, s'amusent plus volontiers à en cercher la raison qu'à en cercher la vérité: ils laissent là les choses, et s'amusent à traiter les causes. Plaisans causeurs" (1003BC). En effet, également au début de son épître, le Tasse s'était proposé non seulement de comparer l'Italie à la France mais aussi de fournir des raisons pour ses choix et ses arguments, donc de rationaliser ses opinions. Bien qu'il se rende compte du danger de son entreprise, ce sera aux autres de juger de son échec ou de sa réussite, dans cette formule d'écriture à la fois des plus vaines et sournoises: "non solo vi scriverò ciò che mi pare semplicemente de la Francia, ma ciò che di essa giudico in paragone de l'Italia, e la cagion di ciascuna mia opinione... il render la ragione di ciascun suo parere è cosa difficile e pericolosa molto: né io son tale, o per cognizione di lettere o per esperienza di cose vedute, che meriti di essere giudice. Ma comunque sarà chiamata questa mia impresa da gli altri, o ardire o temerità o sciocchezza, assai sarà ella felice e ben impiegata se voi la prenderete in grado..."[1] Or, le dialogue entre ces deux textes ne prétend pas se limiter à une confrontation unique et constante entre Montaigne et le Tasse ; c'est-à-dire que Montaigne au cours de ses argumentations ne tient pas uniquement à l'esprit son confrère italien, mais il est indéniable que le *Paragone* est un des points de repère essentiels de l'essai et, de plus, peut servir d'instrument critique à une lecture du *Journal de voyage en Italie*.

Un des buts du *Paragone dell'Italia alla Francia* est de démontrer la supériorité de l'Italie sur la France. Sans doute, Montaigne pense-t-il à ce parti pris dans "Des boyteux" en réfutant l'argumentation "boiteuse" qui se trouve dans le texte tassien, mais il veut surtout s'en prendre à l'esprit scientifique dont se revêt son confrère italien pour valoriser des points de

---

[1] Les citations du *Paragone* seront tirées des *Opere* de Torquato Tasso, éd. Bruno Maier, vol. V (Milan: Rizzoli, 1965), pp. 725-47. Il faut préciser que le *Paragone dell'Italia alla Francia* ne se retrouve pas sous ce titre dans les éditions des oeuvres du Tasse mais y figure simplement parmi ses lettres, celle-ci adressée "Al conte Ercole De' Contrari. Ferrara."

vue outrés. Ayant établi une situation d'adversaire entre lui et le Tasse, car il méprise, voudrait-il faire croire, les gens qui cherchent des raisons pour et derrière tout, Montaigne n'hésitera pas, par la suite, comme tout Humaniste sérieux, à promulguer le principe de causalité pour déconstruire une phénoménologie insuffisante. Montaigne même ne cherche-t-il pas à comprendre les raisons pour lesquelles l'homme agit de telle ou telle façon ? L'énoncé de causalité ne sert que de truchement à une énonciation anti-rationnelle ; le dénigrement de la rationalisation d'un processus épistémologique en révèle, d'une part, les limites et, d'autre part, tout le potentiel inhérent à l'homme. Donc, manière apparente de réfuter autrui tout en suivant la même pente afin de voiler, mais sans vraiment convaincre ni le lecteur ni soi-même, le lien étroit avec cet autrui.

En fait, le *Paragone* est la relation d'un voyage en France de novembre 1570 à mars 1571, rédigée en 1572, et il se veut une tentative de systématiser cette expérience selon deux critères: les observations appartenant au domaine naturel et les autres à l'accidentel. Dans la première division figurent les données qui transcendent les institutions politiques et religieuses et s'appliquent par conséquent aux éléments permanents, cosmiques, et terrestres qui influent sur la condition humaine, et dans la seconde, les caractéristiques sujettes à l'éphémère des institutions humaines: cette distinction offre donc une séparation entre art et nature: "Fra le naturali riporremo (e ciò sia per esempio) la qualità del cielo, il sito e fertilità de le terre: fra le accidentali, li studi de la pace e de la guerra e l'uso de l'arti meccaniche" (726). Or, la schématisation logique de cette dialectique théorique se perd constamment dans une rhétorique circonstancielle, car le *Paragone* est une oeuvre de circonstance où la sincérité de l'auteur n'entre pas nécessairement en jeu. Pour ne citer qu'un exemple se distinguant beaucoup plus par une anticipation de Montesquieu que par sa portée persuasive: le climat septentrional, y compris celui de la France, tend à produire un esprit orageux chez les habitants de ces régions et chez les méridionaux une indolence prévalente, tandis que l'Italie située entre les deux produit des esprits posés et modérés. Il ne faut pas se laisser prendre à ce genre de scientisme douteux ; si le Tasse s'acharne en apparence à valoriser l'Italie par rapport à la France, il le fait autant pour subvertir les prétentions de ses voisins et de l'homme en général, que pour plaire à son correspondant, mécène potentiel.

En somme, et le Tasse et Montaigne s'en prennent à la raison, notamment à ses limites dans les domaines épistémologique et ontologique, ou plus précisément à une considération critique de toute pensée philosophique telle qu'elle se manifeste et se disperse, se "démocratise" ; autrement dit, le Tasse et Montaigne se lamentent de l'échec de la science du savoir parce que tout le monde s'en mêle, y compris eux-mêmes. Dans le *Paragone*, la fréquence de "ragione" et "cagione" sous forme de substantif ou de verbe sous-tend et ponctue le texte et atteste ainsi une mise en question, mais sans nier totalement une affirmation, de la raison qui vient se poser tout à la fin de l'épître sur une explicitation du dilemme humaniste: "le lettere, e particolarmente le scienze, abandonate dai nobili, caggiono in mano de la plebe: perché la filosofia (quasi donna regale maritata ad un villano), tratta da gl'ingeni de' plebei, perde molto del suo decoro naturale ; e di libera investigatrice de le ragioni divine ottusa e scema de l'autorità, e di regina moderatrice de gli uomini, ministra de le arti sordide e de l'ingordigie de l'avere. Di questo molto prima s'accorse Platone ne la sua *Republica*: ed io ora per l'esperienza conosco esser verissime le sue ragioni" (747). Le caractère homonymique de raison — faculté humaine et causalité — renvoie à la dichotomie nature/accident qui par cette présence de fortune révèle déjà une inscience naissante. La conclusion suggestive du Tasse s'épanouit pleinement dans "Des boyteux": "Il s'engendre beaucoup d'abus au monde (C) ou, pour le dire plus hardiment, tous les abus du monde s'engendrent (B) de ce qu'on nous apprend à craindre de faire profession de notre ignorance, (C) et que nous sommes tenus d'accepter tout ce que nous ne pouvons refuter... Qui veut guerir de l'ignorance, il faut la confesser... L'admiration est fondement de toute philosophie, l'inquisition le progrez, l'ignorance le bout. (B) Voire dea, il y a quelque ignorance forte et genereuse qui ne doit rien en honneur et en courage à la science, (C) ignorance pour laquelle concevoir il n'y a pas moins de science que pour concevoir la science" (1007-8). Montaigne interpelle (intertextualise) donc le *Paragone*, et textuellement et sous-textuellement.

Au niveau de l'énonciation du *Paragone*, Montaigne peut certainement proclamer qu'il s'en prend au Tasse, et à d'autres, qui s'efforcent de systématiser et rationaliser une expérience personnelle et d'en dériver des abstractions et conclusions philosophiques. Mais au niveau de l'énoncé, Montaigne s'adonne à une rhétorique pour se valoriser sans vouloir tenir compte de la conclusion du *Paragone* où la réflexivité tassienne surgit et laisse apparaître une auto-critique et une lucidité limitrophe. L'intertextualité "Des boyteux" et du *Paragone* se précise par la présence d'un réseau sémantique — l'italianisme, la fortune, et raison-raison (causalité) — visible non seulement dans l'espace immédiat de la référence au Tasse, mais aussi dans la globalité de l'essai. Cette symbiose textuelle atteste par conséquent la fonction matricielle et dialogique du *Paragone*. En fait, le paragraphe précédant l'allusion au Tasse explicite aussi bien une critique au *Paragone* qu'une raison "boiteuse," thématique principale de l'essai: "nos raisons anticipent souvent l'effect, et ont l'estendue de leur jurisdiction si infinie, qu'elles jugent et s'exercent en l'inanité mesme et au non estre ? Outre la flexibilité de nostre invention à forger des raisons à toute sorte de songes, nostre imagination se trouve pareillement facile à recevoir des impressions de la faucété par bien frivoles apparences" (1012B). En admettant le lien intime entre raison et imagination, Montaigne subvertit, bien consciemment, et sa prétendue attaque contre une causalité — ou un rationalisme — basée sur des impressions personnelles et sa position anti-tassienne.

C'est autour de la boiteuse et de la thématique de la jambe, et même de la fortune, que se centrent l'italianisme et la présence tassienne ; puisque l'essai en tire son titre, cette conjoncture est capitale pour la genèse et le sens de l'essai. Comme il le fait souvent, Montaigne introduit le noyau de son argument par des formules de désinvolture, rhétorique de déroute pour alerter le lecteur du contraire: "A propos ou hors de propos, il n'importe, on dict en Italie, en commun proverbe, que celuy-là ne cognoit pas Venus en sa parfaicte douceur qui n'a couché avec la boiteuse. La fortune ou quelque particulier accident, ont mis il y a longtemps ce mot en la bouche du peuple" (1011B). La discussion qui s'ensuit sur les plaisirs vénériens avec les boiteuses sert, entre autres, à valoriser la force de l'imagination par rapport à la primauté de la raison et à la difficulté et témérité de juger. En somme, le sujet vénérien n'est qu'un langage métaphorique pour relever l'enchevêtrement et l'évanescence imprégnant causalité, épistémologie, sensualisme et fortune ; ici, d'ailleurs, Montaigne lui-même renvoie le lecteur au début de l'essai, où il annonçait les limites du rationalisme et de prétendues perceptions ; il distingue ainsi nettement son véritable sujet et révèle de même déjà le sous-texte tassien. Et c'est précisément dans ce contexte sémantique et érotique, qu'apparaît la mention du Tasse comme pour souligner d'autant plus, sauf erreur, le dialogue entre les deux textes: "Car, par la seule authorité de l'usage ancien et publique de ce mot [imagination], je me suis autresfois faict à croire avoir reçeu plus de plaisir d'une femme de ce qu'elle n'estoit pas droicte, et mis cela en recepte de ses graces" (1012B). Etant donné que l'allusion au Tasse suit immédiatement, Montaigne concrétise de cette façon la présence d'un référent absent jusqu'ici. S'il subvertit son confrère italien, c'est pour mieux se faire valoir ; en outre, il lui accorde également sa part de raison, puisque dans la spécificité d'un espace et d'un moment chacun peut prétendre savoir, car les apparences l'emportent souvent et aisément sur les faits observés et sur l'essence des choses qui en fin de compte nous échappe.

La jambe boiteuse, ou l'atrophie de la jambe, ramène à la naturalisation de l'étrange, de l'art, à l'insolite et au nouveau qui finissent par dominer sur l'ancien, le naturel, grâce à l'habitude, à la répétition, à un changement de perspective, à une hypnose verbale. Cette métamorphose constitue une portée sémantique cruciale du référent "jambique" de l'essai et la relie une fois de plus directement au *Paragone*, et précisément au passage allégué par Montaigne. Dans l'essai, la seule référence à jambe précédant le bloc épisodique de la boiteuse, renvoie à un prêtre qui par "la voie des paroles et des gestes" (1006B) guérit, c'est-à-dire endort, pour quelques heures les jambes goutteuses d'un noble. Bien que Montaigne commente que de telles étrangetés peuvent s'élever au niveau du naturel si elles sont reproduites assez fréquemment (c'est d'ailleurs parce qu'elles ne l'ont pas été que le prêtre n'a pas été puni), la fortune reste la force médiatrice principale de leur origine ; car lorsque la volonté humaine s'impose et entre en jeu d'une façon constante, il ne s'agit plus d'accident mais d'art. Par conséquent, l'homme ne devrait pas initier de tels phénomènes mais plutôt les reconnaître et se les approprier quand il se trouve en contact avec eux: "Nostre veuë représente ainsi souvent de loing des images estranges, qui s'esvanouissent en s'approchant... On s'apprivoise à toute estrangeté par l'usage et par le temps... Le principal droict d'avancer et produire tels accidents est reservé à la fortune (1006B). De même, le Tasse souligne une rupture avec la nature lorsqu'il donne une raison pour expliquer les jambes grêles des jeunes nobles français: "ne la proporzione similmente mi paiono assai difettosi i nobili de la gioventù francese, percioché in universale hanno le gambe assai sottili, rispetto al rimanente del corpo. Ma di ciò peraventura la cagione non si deve riferire a la qualità del cielo, ma a la maniera de l'esercizio, percioché, cavalcando quasi continuamente, esercitano poco le parti inferiori, sì che la natura non vi trasmette molto di nodrimento, attendendo ad ingagliardir quelle parti che sono da movimenti frequentatissimi affaticate" (733). Les raisons naturelles expliquent donc ce qui est rationnel tandis que les accidents de situation ou de géographie, telle la "qualità del cielo", par leur caractère éphémère ou incontrôlable n'ont aucun rapport avec nature ou art. Or, Montaigne saisit métonymiquement du Tasse l'observation sur les jambes, la transfère dans son réseau épisodique et sémantique des jambes atrophiées afin de préciser le sous-texte de son essai et de guider son lecteur dans le déchiffrement du texte, ou plutôt du titre de l'essai ; ici c'est l'opposition de fortune à nature et art — le noyau thématique quintessentiel de l'essai. En somme, le titre de l'essai suggère déjà un rapport étroit avec le texte tassien allégué, et l'intertextualité se précise lorsque apparaît le dialogue sémantique entre "Des boyteux" et le *Paragone* tournant autour de fortune-art-nature.

Ce réseau sémantique triangulaire valorise l'étrangeté et tâche de la ramener à une échelle humaine par un processus de réciprocité subversive où fortune-nature-art s'entre-déconstruisent pour devenir acceptables, voire maîtrisables et reconnaissables. C'est en effet le but du voyage, soit-il épistémologique et ontologique comme dans les *Essais* , ou concret et littéral dans des pays étrangers comme le *Journal de voyage en Italie* et le *Paragone*. En fait, la division entre le naturel et l'accidentel que le Tasse établit dans son épître contribue à une sémantisation, à une anthropologie, et à une codification des raisons de voyager telles qu'elles se manifestent également dans le *Journal*. Le voyage ne se fait pas uniquement pour découvrir, patriotiser, relativiser, ou se fuir, mais aussi pour ramener l'étrange et le différent à soi et en fonction de ce Moi, et enfin beaucoup plus pour s'approprier et transformer en reconnaissable par rapport à des référents existants qu'accepter ou même juger. Il s'agit par conséquent d'humaniser l'étrange, d'uniformiser le différent ; cet amalgame transgresse nature-art-fortune en les réduisant à l'appréhension du voyageur.

Pourquoi Montaigne choisit-il dans son *Journal* d'observer attentivement, par exemple, la nourriture, les vins, les rites religieux, les sites de ville, les engins ? Sa préoccupation du bien-être corporel, sa tolérance, son intérêt technologique, son esthétique de l'escarpé expliquent certainement ces attachements oculaires ; ces observations sont donc également, et même surtout, liées à un axe ontologique auto-référentiel. Et le Tasse, de sa part, en formulant sa dichotomie nature/fortune prend soin de la placer sous le jour contrastant de l'universel et du particulier: cette disposition antithétique subvertit la "querelle" patriotique de surface et fait plutôt valoir l'auto-centrisme du voyageur. Ce n'est plus un Italien observant les Français ou un Français parmi les Italiens, mais un Moi parmi les autres qui cherche précisément à se distinguer d'eux. Il s'ensuit que la certitude réside dans le particulier, le microcosme, et c'est d'ailleurs cette auto-référentialité qui ôte une grande partie de leur littéralité aux goûts, aux coutumes, aux rites qui deviennent désormais et des points de repère pour élargir l'esprit et des signes justifiant l'intégrité immuable de l'observateur. Or, le savoir tangible se rapporte au Moi, tandis que le savoir basé sur l'observation chez le Tasse et Montaigne reste problématique et contradictoire.

En explicitant cette relation antithétiquement épistémologique et intégralement ontologique entre le particulier et l'universel, le Tasse ouvre la voie à une certaine compréhension du *Journal* et renforce, sous un jour déjà perçu par la critique montaigniste, l'auto-centrisme des derniers essais. Et puisque Montaigne allègue lui-même le *Paragone*, ces

symbioses textuelles et métaphorico-thématiques invitent à une lecture
intertextuelle qui élargit les rapports entre ces ouvrages et en illumine
notre perception. Comme dans le *Journal*, le jeu de valorisation et de
subversion dans le *Paragone*, vis-à-vis des observations pour aboutir à
une réduction à soi se remarque, par exemple, lorsque le Tasse compare
les viandes, le gibier et les vins italiens aux français :

> Dirò solo che, sì come ne la quantità e qualità de gli armenti e de le
> greggi la Francia è superiore di gran lunga, così ancora credo che
> de' pesci e de gli uccelli non ceda a l'Italia : parlo sempre in
> universali, ché credo ben io che il ferrarese, in quanto a la bontà
> de' fagiani e de le pernici, non trovi paragone alcuno in questi
> paesi... De' vini non so che mi dica, e oltre a ciò, quest'anno è
> corsa in Francia una stagione così maligna che non vi è vino
> alcuno che non sia brusco o verde, come essi sono usati di dire :
> ma per quanto da quelli de gli rosi e più maturi e più digestibili de
> gl'italiani : e, quello che è somma lode, hanno molta virtù e
> pochissimo fumo : onde non so come possano piacer tanto ad
> alcuni, essendo appunto il roverso de la natura loro. Ma ciò che
> desidero nel vino è un non so che, che lusinghi o morda la lingua
> e 'l palato o faccia l'uno e l'altro effetto insieme : confesso
> l'imperfezione del mio gusto, al quale sono più grati i vini dolci e
> raspanti d'Italia che questi di Francia : i quali mi paiono tutti
> (parlo de' buoni) d'un medesimo sapere, sì che malagevolmente
> distinguerei l'un da l'altro.
>   (734-35)

Dans le *Journal*, les références à la nourriture, à des mets
particuliers, aux vins, abondent. Chacune en soi ne traduit pas
nécessairement une résonance épistémologique ou ontologique ; elle
constate plutôt une expérience personnelle ou un choix comparatif, mais
considérée globalement, l'extrême fréquence de ce genre de mentions
constitue une véritable configuration d'une pensée agglutinante où les
confins nationaux peuvent ou ne peuvent pas rivaliser les uns avec les
autres.

Cet acte de jongler, avec les vins par exemple, tantôt d'en accepter
un, tantôt d'en refuser un second, de comparer un tel avec un autre à
l'intérieur de l'Italie, ou avec l'Allemagne ou par rapport aux français,

révèle évidemment un relativisme parsemé à l'occasion de nationalisme ; néanmoins, Montaigne le voyageur, et au début, sa persona, le secrétaire, s'essaient et se forment, se définissent par ces observations, tout comme c'est le cas dans les derniers essais où Montaigne déclare telle ou telle préférence envers un plat ou une boisson : "Les vins vieux failloint déjà lors, qui me metoit en peine à cause de sa colique, de boire ces vins troubles, autremant bons toutefois. Ceus d'Allemagne se faisoint regretter, quoy qu'ils soint pour la pluspart aromatisés, et ayant diverses santeurs qu'ils prennent à friandise, mesmes de la sauge, et l'apelent vin de sauge, qui n'est pas mauvais, quand on y est accoutumé ; car il est au demurant bon et genereus... En plusieurs choses je sens mon estomac et mon appetit aller ainsi diversifiant : j'ay rechangé du blanc au clairet, et puis du clairet au blanc. Je suis friant de poisson et fais mes jours gras des maigres, et mes festes des jours de jeusne... Ainsi se ruinent ceux qui se laissent empestrer à des regimes constraincts, et s'y astreignent superstitieusement" (*Journal*, 163-64 ; III : xiii, 1082B, 1083B). Puisque le préexistant, ce que le Tasse note comme naturel, est permanent et inhérent à sa condition, l'homme au moins a le choix de l'accepter ou non et peut ainsi exercer au moins sa volonté.

Le naturel se compose par conséquent d'éléments dont l'homme se sert à sa guise ; il ne les crée point, il les puise tout simplement selon ses besoins, car ils sont toujours à sa disposition. Et le *Paragone* du Tasse contribue à délimiter ce caractère immuable du naturel et définit ainsi la relation de l'individu à son milieu, une fonction primordiale du voyage que ce soit dans un pays étranger comme dans le *Journal* ou dans une veine plus explicitement ontologique et autobiographique comme dans les *Essais*. A la lecture du *Paragone*, cette relation n'a pas dû échapper à Montaigne qui est constamment en prise avec une problématique cruciale de la Renaissance, celle de l'appropriation et de la domination. Sous ce jour, le naturel comprend l'appropriation, tandis que l'accidentel comprend la création, et de cette façon la domination sur le muable.

Dans le domaine du naturel, la topographie a un rapport direct avec la "vertu" de l'homme, du point de vue physique et moral. En alléguant Platon, le Tasse privilégie les sites montueux : "Però Platone parlando del sito de la città ne la quale vuole introdurre la perfetta forma del governo, loda il sito montuoso, come quello fa gli uomini robusti ; e biasima la propinquità del mare, potendo facilmente l'uso de le genti straniere alterare e corrompere la purità de' costumi di quelle città le quali giacciono su la marina" (726-27). Il reprendra d'ailleurs cette rhétorique topographique à plusieurs reprises dans le *Paragone* pour arguer la supériorité civique et physique des Italiens sur les Français, car ce rapport entre site et philosophie reste un des fondements principaux de l'infrastructure naturelle de l'épître tassienne. Le Tasse s'approprie donc un Platon à sa façon afin de raisonner selon les besoins. Néanmoins, malgré l'hyperbole sémantique, la loi platonicienne favorisant les sites montueux pour préserver la bonté et la force humaine reste un paradigme de la Renaissance auquel il faut également ajouter l'importance de sa dimension esthétique.

Cette fonction sémantique, à base d'esthétique, liant topographie et philosophie morale apparaît sans cesse dans le *Journal* de Montaigne. Etant donné l'importance de cet énoncé dans le *Paragone* et sa fréquence dans le *Journal*, il serait tout de même trop facile d'y voir la trace consciente d'un ouvrage sur l'autre. On pourrait plutôt invoquer la tradition platonicienne et, encore bien plus sans doute, un topos dans la façon de considérer la géographie, car, en effet, l'essence de l'Humanisme, quel que soit le sujet en question, se réduit toujours à un plan moral et existentiel. Or l'énonciation du rapport topographie/vertu explicitée dans le *Paragone* permet un transfert de cette analogie au *Journal* où Montaigne se révèle tout particulièrement, mais pas uniquement, épris de sites montueux. C'est en fait notre lecture du *Paragone*, où se trouve clairement souligné le rapport géographie/vertu qui révèle le même rapport dans le *Journal* où il n'est vraiment pas explicitement présent et où figure surtout, tout du moins de manière évidente, la dimension esthétique. Ce genre de connexion sémantique est d'autant plus valable que Montaigne allègue le *Paragone*. D'autre part, il est indéniable qu'à chaque fois que Montaigne arrive dans une ville, il en note "l'assiette" et souvent la "belle assiette" (cf. *infra*, p. 197-99) presque par une sorte de réflexe d'écriture dans la partie rédigée en français. Son oeil, à travers son secrétaire, s'arrête sur des sites dans des plaines entre les montagnes ou au bord de la mer, sur des sites escarpés :

"Entre ces deux butes, et sur les pandans d'icelles, tant d'une part que d'autre, est plantée cete ville : [Ancone] mais le principal est assis au fons du vallon... J'arrestai le 27 jusques apres disner, pour voir la beauté et assiete de cete ville" (293-94). Contrairement à Platon et au Tasse, Montaigne n'articule pas de jugement sur la supériorité d'un genre de site sur un autre ; il constate et accepte une équivalence esthétique et par extension, sémantique. Si cette dimension sémantique est induite par une intertextualité avec *La République* ou le *Paragone*, elle ressort également d'une interpellation avec les *Essais* où il recherche une "assiette," c'est-à-dire, une constance et une stabilité, soit une force et vertu intérieures ; le champ sémantique du site tassien et celui de l'assiette montaigniste se rejoignent ainsi irrémédiablement.

La recherche du stable et du constant relève de la présence plus dominante du contraire, surtout dans le domaine des institutions humaines. Le but du voyage est par conséquent de nourrir le Moi, de le stabiliser précisément, et de le définir au moyen de contacts avec des différences extérieures, passagères en soi, ainsi que par le mouvement du voyageur. De sa part, le Tasse spécifie que les lois, la religion et ses rites, et les inventions participent à ce qui change, autrement dit l'accidentel :

> Rimarrebbe ora che io favellassi di quelle condizioni che io ho chiamate accidentali, perché si mutano con la mutazione de le religioni, de' tempi e de' principi... E questo ragionamento si dividerebbe in due parti : ne le cose che caggiono sotto le azioni de gli uomini civili, ed in quelle che s'inducono da l'industria de gli artefici.
>
> Il primo capo abbraccierebbe le leggi e i modi di trattar le paci e le guerre, il culto de la religione ed i riti e le cerimonie tutte. Ne l'altro si conterrebbe la considerazione de l'arti : così di quelle che sono necessarie al vivere o al ben vivere, come di quelle che sono state trovate per pompa e per lussuria de gli uomini. (741)

Au cours de son voyage, Montaigne note sans cesse, et presque essentiellement, les coutumes et lois, les rites religieux, les engins hydrauliques, et l'architecture. Non seulement il suit ainsi les préceptes du Tasse, mais il le fait pour s'y frotter contre et se rasséréner à travers les différences. Il ne s'agit pas simplement d'observer la diversité et la nouveauté mais plutôt de les rapporter au Moi pour le renforcer et le consolider. Et c'est en somme la fonction de la rhétorique de comparaison, sous-texte de récits de voyage ; quant à la rhétorique de supériorité, moins dans le *Journal* que dans le *Paragone*, elle figure en tant que jeu dialogique, texte de circonstance, ou point de repère éphémère. L'apport du *Paragone* ici consiste en fait à redimensionner le *Journal* pour y relever bien plus un égocentrisme paradigmatique qu'un simple carnet de voyage profusément et laconiquement parsemé d'observations.

Reste à savoir pourquoi parmi tant de textes, tassiens et autres, cette épître assez inconnue a bien pu frapper Montaigne pour qu'il s'engage dans un dialogue assez acharné, en apparence tout du moins, avec son contenu. Or, l'essayiste met en question la causalité du *Paragone* qui produit ainsi un savoir arrogant.

Mais la rhétorique, à la surface, d'un préjugé nationaliste de cet ouvrage ne réussit pas à décentrer la dichotomie fondamentale de nature et accident/nature qui ne pouvait pas échapper à Montaigne. D'ailleurs entre les deux auteurs il semble y avoir un sort de singulière relation d'affinité/distance. Dans "Des boyteux" elle se manifeste par une réfutation énergique de l'argumentation tassienne de la causalité. Dans le *Paragone*, une des trois coutumes marquant la fin de l'ouvrage paraît viser Montaigne : "non lodo quella [usanza] de' nobili, che ciascuno abita ritiratamente ne' suoi villaggi e lontano da le congregazioni de le città, perché, lasciando da parte che l'uomo sia animal civil e di compagnia e che per niun' altra cagione sia lodevole il ritirarsi de le adunanze de gli altri se non per attender a le contemplazioni, dirò che il nobile, praticando per il più co' servi e co' villani, si avvezza d'una maniera di vivere imperiosa, e diviene insolente..." (746). Puisque le Tasse était en France vers l'époque ou le jeune sieur Eyquem quittait le Parlement pour se retirer à Montaigne et que l'épître a été rédigée lorsque l'ex-parlementaire commençait à composer ses *Essais*, ce rapprochement n'est pas des plus recherchés. Il est vrai que le Tasse exclut de sa condamnation ceux qui s'adonnent à la vie contemplative, mais l'attaque n'en reste pas moins poussée, et Montaigne ne pouvait guère se sentir tout à fait exonéré.

Si Montaigne se trouvait allégué, consciemment ou pas de la part du Tasse, dans une de ces "coutumes," dans les deux autres il y retrouvait sous le voile de la critique, un fondement crucial de ses *Essais* et "Des boyteux," notamment : la relation art/nature, une instance de réflexivité, et des allusions au référent "boiteux". Lorsque le Tasse note gravement qu'en France on allaite les nouveau-nés du lait de vache et non pas de celui de la mère ou de la nourrice, il repose sous un nouveau jour la question d'art et nature, ou plutôt il récapitule à la fin de l'épître sa charpente thématique en optant pour nature. De plus, il introduit dans ce contexte une argumentation, basée sur des femmes infirmes et de mauvaises moeurs, et intimement liée à celle que Montaigne reprendra dans son propre essai : "e se i medici o' politici non accettano per nudrici le donne inferme o quelle di mal vagi costumi, quanto meno accetterebbono gli animali bruti" (746). L'infirmité, comme dans "Des boyteux," communique à un niveau métaphorique les limites et une critique de la raison afin de mieux valoriser le naturel.

Le réseau métaphorique et sémantique de la difformité se resserre à la fin de l'épître, et dans la tout dernière "coutume" elle interpelle un texte de Platon. Il n'est donc plus surprenant que Montaigne ait choisi un titre d'essai qui non seulement se rapporte à une référence textuelle et contextuelle au Tasse mais que ce titre veut révéler sémantiquement l'apport de la fin de l'épître tassienne à la fin de l'essai en se rapportant à *La République* de Platon qui explicitera le sens et reliera les trois textes. L'intertextualité se montre ici par conséquent des plus fécondes tandis que *La République* sert de point de convergence — et de divergence.

Les trois textes se rejoignent dans une mise en question du savoir à travers la métaphore de la difformité corporelle qui traduit une pensée philosophiquement manichéenne : Qui a le droit de prétendre au savoir ? A la fin du *Paragone*, le Tasse prétend que la philosophie a été abandonnée des esprits nobles, c'est-à-dire professionnels et de qualité, et a échoué dans les mains de la plèbe et des "vilani"[1]. Il allègue ensuite

---

[1]   Cf. *supra* pp. 147-48.

La République. Or, le texte de Platon fait ressortir non seulement la même plainte mais aussi la métaphore de la difformité :

> En effet d'autres hommes, de qualité inférieure, voyant la place inoccupée, mais toute pleine de beaux noms et de belles apparences... s'empressent eux aussi de quitter leur métier pour se jeter sur la philosophie... Car la philosophie, toute délaissée qu'elle est, garde en comparaison des autres professions un prestige magnifique qui la fait rechercher par beaucoup de gens imparfaitement doués, dont les professions et les métiers ont à la fois déformé le corps, et mutilé et dégradé l'âme par des travaux manuels... Que naîtra-t-il vraisemblablement d'un pareil mariage ? n'est-ce pas des bâtards et des êtres chétifs ?[1]

Bien que le Tasse et Platon veuillent distinguer entre les vrais et les faux philosophes, dans le cas de l'auteur du *Paragone*, il en résulte une subversion ironique de l'épître qui vient d'être composée, car son auteur ne peut certainement pas prétendre au statut de Platon. Il a élaboré des arguments sous l'apparence d'expériences et d'opinions prétendument acceptées ; de fait le contenu est moins convaincant que le contenant ; le Tasse le sait bien, et il tâche de se disculper pour mieux se faire valoir.

De son côté, Montaigne à la fin de son essai, comme le Tasse à la fin du *Paragone*, vise précisément les "philosophes" qui prétendent tout savoir. Il revient ainsi à sa cible, l'arrogance scientifique telle qu'il choisit de la lire dans le *Paragone*. Et pour appuyer son point de vue, Montaigne allègue un bossu, Esope :

> On mit Æsope en vente avec deux autres esclaves. L'acheteur s'enquit du premier ce qu'il sçavoit faire ; celuy là pour se faire valoir, respondit monts et merveilles, qu'il sçavoit et cecy et cela ; le deuxiesme en respondit de soy autant ou plus ; quand ce fut à Æsope, et qu'on luy eust aussi demandé ce qu'il sçavoit faire : "Rien, dict-il, car ceux cy ont tout preoccupé : ils sçavent tout." Ainsin est-il advenu en l'escole de la philosophie : la fierté de ceux qui attribuoyent à l'esprit humain la capacité de toutes choses causa en d'autres, par despit et par emulation, cette opinion qu'il

1   Platon, *La République* dans *Œuvres complètes*, éd. et trad. Emile Chambry, Vol. VII, 1ère partie (Paris: Société d'Edition "Les Belles Lettres," 1933), 495b.

n'est capable d'aucune chose. Les uns tiennent en l'ignorant cette mesme extremité que les autres tiennent en la science. Afin qu'on ne puisse nier que l'homme ne soit immoderé par tout, et qu'il n'a point d'arrest que celuy de la necessité, et impuissance d'aller outre.

(III : xi, 1013B)

Les extrémités, science et ignorance, se rejoignent, et seule est valorisée l'inscience, savoir qu'on ne peut pas savoir ou au moins tout savoir. En fin de compte, Montaigne déclare que la véritable arrogance/ignorance est de s'arrêter lorsqu'on pense avoir trouvé ou ne plus pouvoir poursuivre un but épistémologique ; or, rien ne doit entraver l'incessante volonté de savoir.

Suivant une formule au cachet des plus montaignistes, la difformité corporelle, tant le boiteux que le bossu, renferme son propre oxymore. Platon et le Tasse avaient considéré ces déformations sous un jour négatif, comme un manque, une déchéance, ou une faiblesse. Montaigne, lui, est bien moins catégorique ; il montre plutôt au moins deux côtés de la médaille, et il confère au contexte négatif de ses lectures une multiplicité sémantique. Ensuite il transforme la négativité première en un nouvel attribut ; ce qui est boiteux anime l'entendement, tandis que le bossu réhabilite le savoir. Montaigne s'essaye avec le boiteux, mais il s'aligne avec le bossu. La difformité, c'est-à-dire la conscience des limites humaines, devient la force génératrice même qui poussera l'homme à sa virtualité. Qui fréquente la boiteuse sait qu'il est boiteux — et Montaigne, à commencer par le titre de l'essai, veut nous dire que nous sommes tous des boiteux. Mais les bossus sont plus rares.

LE *JOURNAL DE VOYAGE EN ITALIE* ET LES *ESSAIS*

ETUDE D'INTERTEXTUALITÉ

Il arrive que la juxtaposition de deux textes d'un même auteur déconcerte. On constate, par exemple, et un peu trop aisément, que par rapport aux *Essais*, le *Journal* reste plutôt terne par son manque d'ampleur thématique et son style décharné. Après tout, comment un ouvrage intime tel qu'un carnet de voyage, destiné à ne jamais voir le jour, ce qui n'est toujours qu'une supposition, peut-il se faire l'émule d'une oeuvre qui ne se propose "aucune fin, que domestique et privée" ? (p. 9) Or, il ne s'agit pas de formuler un système applicable d'un ouvrage à l'autre, tâche vaine dont l'issue n'est même pas en jeu. Il faut, cependant, rapprocher ces deux oeuvres l'une de l'autre et insister maintenant sur leur ressemblance thématique et non seulement sur leur différence car évidemment les deux émanent d'un même esprit. Cette considération critique ne prétend pas nier l'influence du voyage et du *Journal* sur les *Essais* , mais elle révèle l'autre côté de la médaille : le *Journal* réfléchit aussi les *Essais* , dans une interdépendance de l'un vis-à-vis de l'autre. L'unité du corpus littéraire montaigniste se dégagera ainsi de cette juxtaposition, ou inversement, et viendra souligner certaines données thématiques et structurales des *Essais* .

L'écriture de Montaigne se fait par un choix rigoureux et partial. Un essai est le résultat d'un agencement de citations et d'arguments contradictoires et complémentaires, et le problème qui se pose est de distinguer quels arguments ou citations sont employés simplement pour appuyer une proposition et lesquels reflètent vraiment la pensée de Montaigne. Il choisit donc ce qui lui convient dans l'instant et dispose ses pions selon ses besoins. La cause de cette écriture est extrêmement sérieuse et structurée à la fois afin de déjouer et ébranler le lecteur, bien que l'effet donne une impression voulue de nonchalance[1]. En ce qui concerne le *Journal*, il est aisé de supposer, et à juste titre, que Montaigne a vu et a éprouvé beaucoup plus qu'il y a inclus ; il a choisi par conséquent de faire rédiger ou de rédiger ce qu'il considérait digne de mémoire. L'insolite et ses affinités personnelles se complètent dans ce choix. Si une fréquence d'observations et de sujets émerge de cette écriture sélective, elle permet ainsi de formuler une thématique de l'oeuvre. Une telle lecture du *Journal* fait ressortir trois notions-clés, qui retentissent également à travers les *Essais* : le rapport entre art et nature, ou qu'est-ce que le beau et l'utile ; la configuration d'une anthropologie culturelle et sociale, ou comment trouver son assiette ; la suspension du savoir, ou de la gravelle.

Dans la présente étude nous ne considérerons que le premier sujet. Il va sans dire que cette catégorisation ne nie aucunement l'entrelacement évident et très étroit de ces notions. Elle révèle enfin la cohésion des deux ouvrages bien que les *Essais* soient essentiellement une expérience livresque et le *Journal*, une expérience vécue. Néanmoins ces deux oeuvres restent littéraires, fictionnelles, autant qu'autobiographiques puisqu'elles résultent d'un tri soigneusement agencé. Tout comme dans les *Essais*, le *Journal* fusionne art et nature pour en déduire un concept du beau, une notion de la littérature, qui à la fois harmonise ces deux opposés, sans ôter leur contradiction et intervertit plutôt leur signification. On a souvent reproché à Montaigne de manquer de sens esthétique parce qu'il ne s'extasie pas suffisamment devant les chefs-d'oeuvre de l'art italien au cours de son voyage, notamment dans les domaines de la peinture et de l'architecture[2]. Mais cette prétendue absence

---

[1]   John C. Lapp, *The Esthetics of Negligence* (Cambridge: At the University Press, 1971), pp. 14-30.

[2]   Cf. Vittorio Lugli, *Montaigne* (Milan: Carabba, 1935), p. 94; Lino Pertile, "Montaigne in Italia: arte, tecnica e scienza dal *Journal* agli *Essais*", in *Saggi e Ricerche di Letteratura Francese*, 12 (1973), 49; Giacomo Tauro, *Montaigne* (Rome: Dante Alighieri, 1928), pp. 140-45; Beatrix Ravà, *Venise dans la littérature française depuis les origines jusqu'à la mort de Henri IV* (Paris: Champion, 1916), p. 416. Pour le point de vue opposé, voy. Pierre Michel, "Le *Journal de voyage*, arrière-boutique des *Essais*", *Bulletin de la Société des Amis de Montaigne*, 13 (jan.-mars

esthétique se trouve aussi dans les *Essais* où cependant toute une métaphorisation de la peinture se centre autour de l'autoportrait. En guise de réponse, il ne s'agit pas de revendiquer un sens du beau chez Montaigne, ce qui serait un exercice superflu ; il faut plutôt dégager du *Journal* une esthéthique révélatrice de sa complémentarité dans les essais.

Même si à un niveau quelque peu simpliste mais certainement significatif on peut alléguer que l'épithète *belle* ou *beau* est une des plus fréquentes du *Journal*, cette constatation indique déjà une préoccupation esthétique mais pas sa définition. Or, les descriptions d'engins, de fontaines, de jardins et villas, de processions et fêtes, et de paysages contribuent par leur répétition intensive à une esthétique qui est contrebalancée par les *Essais* . En fin de compte, la présence consciente de certains signes dénote le même intérêt que d'autres plus communs ; après tout, Montaigne ne prétend pas être un conformiste aveugle ; il préfère à maintes reprises atteindre le même but en s'en allant à contre-courant. La coexistence d'art et nature réfute la supériorité de l'un sur l'autre et affirme la maîtrise de l'homme sur les deux. Bien que la présence assez régulière dans le *Journal* d'une affinité pour l'artifice, sous forme d'engins, atteste la capacité créatrice humaine ainsi qu'un intérêt envers une technologie naissante et la notion de progrès qui l'accompagne[1], elle reflète tout autant la prépondérance du mobilisme dans la pensée de Montaigne où diverses parties, fonctionnant en apparence indépendamment, convergent sur un centre thématique pour former un engrenage intégral. Et c'est ce dernier rapport qui relie la façon de penser et de structurer un essai à l'attention particulière que Montaigne prête aux engins ; il voit de même dans ces constructions mécaniques un agencement, une manipulation, et une harmonisation des forces de la nature au service de l'homme tout comme dans un essai les expériences livresques, observées, et vécues sont filtrées, manipulées, et agencées dans le creuset de l'écriture.

L'artificiel sert donc de lien, de pont, entre la nature et l'homme ; c'est un moyen de communication, un conduit, qui délimite et limite les

1960), 19-20; et du même auteur "Montaigne, garant de l'amitié franco-italienne", *Ibid.*, 16 (oct. -déc. 1960), 62-63.
[1]   Pertile, *Ibid.*, 76-92.

forces de la nature et les capacités humaines. La voie naturelle est, d'ordinaire, plus rapide et directe que l'artificielle ; celle-ci recherche plutôt le détour et l'arabesque et fait valoir le parcours beaucoup plus que la destination qui n'est d'ailleurs jamais mise en question. Bien que l'artificiel soit télécommandé, il n'est pas exempt de la vigilance humaine ; cette complémentarité révèle l'artificiel humain du *Journal*, constante dominante de cet ouvrage, qui dans les *Essais* se manifeste par l'interchangeabilité du naturel et de l'artificiel, source majeure de paradoxe et d'ambiguïté. Dans le *Journal*, la description détaillée de la fameuse porte secrète d'Augsbourg, par où l'on passe après la fermeture des autres portes à la fin du jour, illustre emblématiquement la recherche de l'artifice naturel et de la communication contournée :

> Le portier de son lit en chemise, par certein engin qu'il retire et avance, ouvre cette première porte à plus de cent bons pas de sa chambre. Celui qui est entré se trouve dans un pont de quarante pas ou environ, tout couvert, qui est au dessus du fossé de la ville ; le long de ce pont est un canal de bois, le long duquel se meuvent les engins qui vont ouvrir cette première porte, laquelle tout soudein est refermée sur ceus qui sont entrés. Quand ce pont est passé, on se trouve dans une petite place où on parle à ce premier portier, et dict-on son nom et son adresse. Cela oui, celui-ci, à tout une clochette, avertit son compaignon qui est logé un etage au dessous en ce portal, où il y a grand logis ; celui-ci avec un ressort, qui est en une galerie joignant sa chambre, ouvre en premier lieu une petite barriere de fer, et apres, avec une grande roue, hausse le pont-levis, sans que de tous ces mouvemans on en puisse rien apercevoir : car ils se conduisent par l'espois du mur et des portes, et soudein tout cela se referme avec un grand tintamarre. Apres le pont, il s'ouvre une grand'-porte, fort espesse, qui est de bois et renforcée de plusieurs grandes lames de fer. L'estrangier se trouve en une salle, et ne voit en tout son chemin nul à qui parler. Après qu'il est là enfermé, on vient à lui ouvrir une autre pareille porte ; il entre dans une seconde salle où il y a de la lumiere : là il treuve un vesseau d'airain qui pand en bas par une cheine ; il met là l'argent qu'il doit pour son passage. Cet arjant se monte à mont par le portier : s'il n'est contant, il le laisse là tranper jusques au lendemein ; s'il est satisfait, selon la costume, il lui ouvre de même façon encore une grosse porte

pareille aus autres, qui se clot soudein qu'il est passé, et le voilà
dans la ville.[1]
(127-28)

La fonction emblématique et la signification métaphorique des
engins dans le *Journal* se posent inévitablement en vertu de la fréquence
assez intense de ce genre de descriptions ; en effet, elles ponctuent
régulièrement l'ouvrage. Si l'attention de Montaigne est sans cesse attirée
par ce qui constitue la technologie de son époque, il faut sans doute y
voir son intérêt pour le mécanique, le scientifique, le progrès, mais il le
fait aussi pour révéler son intérêt pour la *techne*, l'art, et la façon dont elle
s'harmonise et s'entremêle au naturel. Et dans les *Essais* il accroît cet
enchevêtrement par un sourire d'où se dégage une ironie foudroyante :
"Si j'estois du mestier, je naturaliserois l'art autant comme ils artialisent
la nature" (III : v, 852C). Montaigne continue donc à remettre en
évidence une grande obsession de la Renaissance, et de tous les âges, en
ce qui concerne l'acte créateur, notamment la relation entre imitation et
inspiration, le beau et l'utile, et il résout le dilemme en brouillant toute
distinction.

La prévalence de la thématique de l'eau dans le *Journal* s'explique
évidemment par le but du voyage de Montaigne, les visites aux bains, et
aussi par son attraction pour les engins dont la plupart sont activés par cet
élément. Ce genre de machines sert à faire fonctionner des moulins, des
aquariums, des systèmes d'eau courante dans les villes (64, 99, 115,
121- 22, 126, 166), mais elles se voient plus fréquemment en Allemagne
qu'en Italie ; est-ce le résultat d'une façon de voir, d'un choix, de
Montaigne ou le reflet d'une réalité ? Or, en Italie la fréquence des eaux
courantes se manifeste par l'omniprésence de fontaines (188, 194, 199,
269-71, 278).

La signification des fontaines, comme pour les engins en général,
se situe dans leur habilité à maîtriser les forces de la nature, de contrôler
un mouvement pour en recréer un autre, donc de déconstruire la nature
pour inventer un art d'où l'élément ludique n'est pas exclu. Même si un

---

[1]   Par contraste, il note le manque d'horloges en Italie: "Il mancamento d'oriuoli
ch'è in questo loco, et in la più parte d' Italia, mi pareva molto discomodo" (360) .

monde aquatique artificiel des plus renommés se trouve à la Villa d'Este à Tivoli, c'est cependant lors de son séjour à Lucques que Montaigne révèle, toujours d'une façon assez elliptique, la raison d'être des fontaines : "Fummo quel giorno a visitare molitissime ville delli Gentiluomini Lucchesi, pulite, gentili, e belle. Hanno acqua assaissima, ma posticcia, cioè non viva, non naturale, o continua. E maraviglia di veder tanta rarità di fontane in un loco cosi montuosi. Tirano certe acque di rivi, e per bellezza le acconciano in modo di fonti con vasi, grotte, et altri lavori di tal servizio" (419-20). Ici par antinomie, Montaigne fait ressortir le dynamique aux dépens du statique ; en effet, les fontaines captent et filtrent un mouvement naturel et en re-créent un autre dans un but non seulement esthétique mais aussi mimétique car une nature artificielle supplante et fixe autant que possible d'une manière circulaire un mouvement autrement insaisissable. Les fontaines représentent par conséquent une façon de résoudre le mobilisme qui hante les essais : "Le monde n'est qu'une branloire perenne. Toutes choses y branlent sans cesse : la terre, les rochers du Caucase, les pyramides d'Ægypte, et du branle public et du leur" (III : ii, 782B). Cette condition métaphysique et ontologique mène à une tentative de résolution au niveau esthétique puisque la littérature par un procédé de filtrage et de fixation calque la fonction des fontaines ; il s'agit simplement de rappeler la définition de la poésie telle que Montaigne la donne dans "De l'institution des enfans" : "tout ainsi que la voix, contrainte dans l'étroit canal d'une trompette, sort plus aiguë et plus forte, ainsi me semble il que la sentence, pressée aux pieds nombreux de la poësie, s'eslance bien plus brusquement et me fiert d'une plus vive secousse" (I : xxvi, 144-45A).

Montaigne propose un concept varié du beau ; ce n'est plus uniquement une perfection symétrique aristotélicienne ou quelque idéal platonique où se retrouve également un bien illusoire, mais il incorpore aussi dans ce beau, le laid, le grotesque, au sens étymologique de cette parole. Il préconise ainsi l'amorphe autant que la forme parfaite et met en question l'unicité du beau. Les essais d'ailleurs exemplifient cet amorphisme prétendu et recherché qui trahit toujours une structure à la fois linéaire et circulaire, et donc un décalage voulu entre la surface et l'intérieur. Dans le *Journal*, cette conception du beau insolite et renversé, par rapport à une notion plus acceptée, se dégage d'une affinité pour les grottes et pour une architecture de labyrinthe ; or, de nouveau, l'artificiel est plaqué sur le naturel, comme à la villa du duc de Toscane à Pratolino :

> Il y a de miraculeus, une grotte à plusieurs demures et pieces : cette partie surpasse tout ce que nous ayons jamais veu ailleurs. Elle est encroutée et formée partout de certene matiere qu'ils disent estre apportée de quelques montaignes, et l'ont cousue à tout des clous imperceptiblement. Il y a non-sulement de la musique et harmonie qui se faict par le mouvemant de l'eau, mais encore le mouvemant de plusieurs statues que l'eau esbranle, plusieurs animaus qui s'y plongent pour boire, et choses samblables. A un sul mouvement, toute la grotte est pleine d'eau, tous les sieges vous rejallissent l'eau aus fesses ; et, fuiant de la grotte, montant contremont les eschaliers du chateau, il sort d'eus en deus degrés de cet eschalier, qui veut donner ce plesir, mille filets d'eau qui vous vont baignant jusques au haut du logis. (187)

Montaigne ne manque pas non plus de remarquer ce genre d'endroit à une autre villa du duc de Toscane à Castello (194-96), au palais Farnèse près de Viterbe (460), et lors de ses deux visites à Florence il mentionne la fameuse "chimère", sculpture en bronze d'un monstre (197, 384). De même, dans une autre maison florentine du duc de Toscane, il trouve "più importante...una rocca in forma di piramide, composta e fabbricata di tutte le sorte di minere naturali, d'ogn'una un pezzo, radunate insieme. Buttara poi acqua questa rocca, con la quale si verranno là dentro movere molti corpi, molini d'acqua, e di vento, campanette di Chiese, soldati di guardia, animali, caccie, e mille tal cose" (388). Evidemment ce qui attire Montaigne ici c'est la juxtaposition et l'accumulation d'éléments naturels formant un composé artificiel ; l'objet créé résulte d'une interaction du naturel et de l'artificiel. En plus, cette "pyramide" est entourée de mobiles qui lui accordent un mouvement à la fois réel et illusoire car le noyau rocailleux est antithétique en soi-même, étant composé de deux opposés, et immuable. Serait-il outré de voir dans cette composition "grotesque" un fac-similé du principe thématique et structural qui contribue à une définition de l'essai où le titre même, par exemple, illustre très souvent une thématique antithétique (repentir-non-repentance, vanité-non-vanité) et autour de laquelle voltigent, se propulsent, apparaissent et disparaissent thèmes mineurs éclairants et surchargés d'*exempla*, de citations, d'historiettes ?

Dans le *Journal*, l'artifice enflé, le grotesque, se situe dans son contexte étymologique tandis que dans les *Essais* il apparaît comme une partie intégrante d'un art figuratif qui comprend également la composition de l'essai : l'écriture en tant que difformité et insolite est recherchée pour combler un vide autour d'un centre thématique. Et dans ce but, l'ostentation, la parure, la validité de la re-création artificielle d'un événement ou d'un univers côtoient le naturel, le modèle original. Ainsi dans "De l'amitié" Montaigne peintre est de même Montaigne essayiste : "Considérant la conduite de la besongne d'un peintre que j'ay, il m'a pris envie de l'ensuivre. Il choisit le plus bel endroit et milieu de chaque paroy, pour y loger un tableau élabouré de toute sa suffisance ; et, le vuide tout au tour, il le remplit de crotesques, qui sont peintures fantasques, n'ayant grâce qu'en la variété et estrangeté" (I : xxviii, 181A). L'art l'emporte sur la nature par sa capacité de traduire une multiplicité ; l'écriture concrétise une simultanéité d'observations et d'expériences, et le choix de souligner, donc de déformer. La "pyramide" florentine et ses accoutrements kinesthésiques se rapportent directement au "tableau élaboré" ci-dessus de "peintures fantasques", car le beau dans les deux se dégage d'un surnaturel. C'est précisément "Des coches" qui fait valoir "l'estrangeté de ces inventions" (III : vi, 879B) ; ici l'ostentation, le superflu, le luxe règnent sublimes mais ne se dérobent pas tout à fait à une attitude critique et font ressortir une déification de l'artifice. Combler un vide par un acte créateur et re-créateur constitue non seulement une notion du beau à l'échelle humaine mais permet aussi à l'homme d'accaparer son milieu et de le transformer selon ses besoins ou sa fantaisie :

> C'estoit pourtant une belle chose, d'aller faire apporter et planter en la place aus arenes une grande quantité de gros arbres, tous branchus et tous verts, representans une grande forest ombrageuse, despartie en belle symmetrie, et, le premier jour, jetter là dedans mille austruches, mille cerfs, mille sangliers et

mille dains, les abandonnant à piller au peuple... C'estoit aussi belle chose à voir ces grands amphitheatres encroustez de marbre au dehors, labouré d'ouvrages et statues, le dedans reluisant de plusieurs rares enrichissemens... Quelquefois on y a faict naistre une haute montagne plaine de fruitiers et arbres verdoyans, rendans par son feste un ruisseau d'eau, comme de la bouche d'une vive fontaine. Quelquefois on y promena un grand navire qui s'ouvroit et desprenoit de soy-mesmes, et, après avoir vomy de son ventre quatre, ou cinq cens bestes à combat, se resserroit et s'esvanouissoit, sans ayde.[1]

(883-84)

Le beau est mystification ; il doit faire disparaître la ligne de démarcation entre reel et irréel, nature et artifice, animé et inanimé, et dans ce sens il est perfection, plutôt que par sa plausibilité mimétique. Ce genre de perception explique l'attrait de Montaigne envers la statuaire dans le *Journal* où il signale les sculptures de Michel-Ange dans la chapelle de Saint-Laurent à Florence (190) et en énumère toute une série d'autres lors de son séjour romain, ce qu'il fait d'ailleurs dans un allongeail au texte original et la termine par une remarque rétrospective révélatrice de son goût : "Ce sont les statues qui m'ont le plus agreé à Rome" (271). Une statue est tridimensionnelle, et à la Renaissance, d'ordinaire, parfaitement représentative, sans cesse sous le contrôle de l'artiste, qu'elle soit à l'échelle humaine ou pas, mais elle reste illusoire puisqu'elle n'est pas vive ; d'autre part, elle est concrètement figée, permanente, dans le moment où elle est saisie. Et c'est alors dans l'esprit de son créateur, et du lecteur, que l'objet ou la page écrite supplante la réalité et transcende son immobilité, car l'artiste en y imposant sa volonté y voit son image, un autre moi : "tesmoing ce que l'on recite de Pygmalion, qui, ayant basty une statue de femme de beauté singuliere, il

---

[1] Il n'est pas étonnant que l'amphithéâtre de Vérone ait tant plu à Montaigne lors de son séjour dans cette ville: "Ce que nous y vismes de plus beau et qu'il disoit estre le plus beau batimant qu'il eut veu en sa vie, ce fut un lieu qu'ils appellent l'Arena. C'est un amphiteatre en ovale, qui se voit quasi tout entier, tous les sieges, toutes les votes et circonferances, sauf la plus extreme de dehors: somme qu'il y en a assez de reste pour decouvrir au vif la forme et service de ces batimans" (161).

devint si éperduement espris de l'amour forcené de ce sien ouvrage, qu'il falut qu'en faveur de sa rage les dieux la luy vivifiassent :

Tentatum mollescit ebur, positoque rigore.
Subsedit digitis.
(II : viii, 383A).

Cette fin de l'essai "De l'affection des peres aux enfans" atteste la suprématie de la paternité spirituelle sur la paternité physiologique, et souligne la symbiose de l'artiste et sa création. Or, le choix d'un exemple statuaire, situé expressément à un point focal, pour exprimer la notion de l'anthropomorphisme du beau explique l'attrait que Montaigne éprouve envers ces sculptures et le sens qu'il faut leur attribuer ; une statue est palpable, concrète, presque humaine et surhumaine ; elle est un dédoublement à la fois manipulé et parfait de son modèle ; elle est représentation et réduction. Donc, à la lumière de cette attitude esthétique que dévoile en particulier l'essai ci-dessus, et les *Essais* en général, il n'est pas surprenant que les yeux du voyageur s'attachent aux statues dans le *Journal*.

En fin de compte, pour Montaigne, la multiplicité vient ébranler ou plutôt enrichir toute définition du beau ; si le beau est quasi-perfection, il est aussi monstrueux, labyrinthe, déception, jeu. Des observations sur l'architecture dans le *Journal* se dégagent ces dernières notions esthétiques, car la pensée de Montaigne opère par l'acte de peser, de balancer et de contrebalancer. Les remarques laudatives qu'il fait sur un monastère de Plaisance, le plus beau qu'il ait jamais vu, ne concernent en fait pas du tout l'édifice même, mais les corridors, les cellules, les caves ; on pourrait dire qu'il met l'accent sur le pratique ou, d'autre part, sur ce qui paraît ancillaire, ou sur l'intérieur au lieu de l'extérieur, les moyens de circuler et communiquer, l'habitat, les fondements, ce qui régit et supporte : "Questo edificio mi pare in corridori, dormitori, cantine, et altra faccenda, il più suntuoso e magnifico che io abbia visto in niun altro loco, se ben mi ricordo, per servigio di Chiesa" (483). Cela ne signifierait-il pas également une disproportion entre moyens et fin, extravagance et fonctionnalisme, sans nier toutefois une attraction pour ce genre de décalage, sinon une nécessité. Lorsqu'un édifice même est en question, Montaigne note le contraste entre extérieur et intérieur, tel le palais Farnèse près de Viterbe dont la forme pentagonale devient circulaire quand on y entre ; et la salle qui attire l'attention du voyageur est une réduction cosmographique : "il quale [le palais] è di grandissimo grido in Italia. Non ne ho visto in Italia nissuno che li stia a petto... la forma cincangola, ma la quale pare quadratissima agli occhi. Dentro pure è tonda perfettamente con larghi corridori a torno, voltati tutti, e dipinti d'ogni parte... Sale bellissime. Fra le quali ce n'è una mirabile ; nella quale alla volta di sopra, (perchè l'edifizio è voltato per tutto), si vede il globo celeste con tutte le figure. A torno alla mura il globo terrestre, le regioni, e la cosmografia, pinta ogni cosa molto riccamente sul muro istesso" (457-58). Ici le beau c'est le trompe-l'oeil, le merveilleux, le grandiose, le cosmique, et à la fois leur réduction à l'échelle humaine non seulement pour tenter de traduire la possibilité d'une domination de l'homme sur son univers mais surtout afin de renchérir sur une notion d'illusion. Or, le vrai diffère-t-il du faux ? Le vrai est-il simplement ce que l'homme peut embrasser et réduire à son échelle ? Et ce vrai ne reste-t-il en somme qu'illusion ? Art, simples peintures sur les murs, ou corridors de labyrinthe, circulaires, et ramenant au point de départ.

Perfection et laideur, deux principes esthétiques qui coexistent et s'annulent en même temps. Le décalage entre surface et intérieur est à la fois réel, nécessaire, et inexistant ; ostentation et naturel se contrebalancent. Il s'agit de rechercher et de cultiver l'essence sous les couches de l'apparence, mais ne fait-on pas que peler des masques ? Le voyageur du *Journal* se trouve immergé dans l'ostentation qu'il voit sans cesse autour de lui, et il ne tâche pas d'en sortir, au contraire. L'ostentation, la parure est le naturel de l'homme, quoi qu'on veuille en dire. Les *Essais* prétendent réfuter cette essence de l'homme mais finissent par en être le produit sublime.

Mystifié devant les contradictions qui lui font face, Montaigne s'y adonne et naturalise ainsi l'artificiel en fusionnant en soi art et nature. Lorsqu'il déclare dans un des derniers essais "Nostre monde n'est formé qu'à l'ostentation : les hommes ne s'enflent que de vent, et se manient à bonds, comme les balons" (III : xii, 1014B), il critique et à la fois accepte cette condition humaine que lui-même illustre, car elle constitue une partie intégrante de notre grandeur et faiblesse. Le but de cette acceptation est de prendre conscience de soi-même afin de ne laisser aucun élément de la dualité inhérente à l'homme l'emporter sur l'autre. Si, par exemple, le *Journal* foisonne de descriptions de processions religieuses, de cortèges, de fêtes, sans oublier le pèlerinage à Lorette, ce n'est pas seulement pour révéler le folklore qui distingue et diversifie un peuple ou pour indiquer des formes de dévotion fausses ou sincères mais aussi pour souligner la pompe, ingrédient inévitable et nécessaire de la vie quotidienne[1] : en somme, un beau superflu et excessif que la coutume a naturalisé.

De même la quête des femmes (et les opinions sur leur beauté), qui hante le *Journal*, se réverbère dans les *Essais,* car les femmes sont pour Montaigne des sujets esthétiques qui posent également des questions sur la relation entre art et nature ; elles existent en tant que beauté physique et spirituelle/intellectuelle. La femme idéale qu'il rencontre en Italie est sans doute la courtisane Veronica Franca "janti fame Venitiane, [qui] envoïa vers lui pour lui presenter un petit livre de Lettres qu'elle a composé" (168-69). On apprend donc sans surprise qu' "Il n'y [à Venise] trouva pas cette fameuse beauté qu'on attribue aus Dames de Venise, et si vid les plus nobles de celles qui en font traficque ; mais cela lui sambla autant admirable que nulle autre chose, d'en voir un tel nombre, comme de cent cinquante ou environ, faisant une dépense en meubles et vestemans de princesses ; n'ayant autre fons à se meintenir que de cete traficque et plusieurs de la noblesse de là mesme, avoir des courtisanes à leur despens, au veu et sceu d'un chacun" (169). Cette opinion sur le manque de belles femmes à Venise n'est pas sans parti pris, car une fois qu'il a opté pour une beauté cultivée, comme celle qu'on trouve en France, il lui est difficile de vouloir objectivement la beauté plus naturelle de l'autre catégorie de femmes. Le beau physique est naturel, et ne doit pas être truqué, tandis que le beau artificiel se compose de l'acculturation de l'esprit et de son potentiel créateur ; l'un ne va pas sans l'autre. Et la

---

[1]   Cf. aussi Lino Pertile, "Il problema della religione nel *Journal de voyage* di Montaigne", *Bibliothèque d'Humanisme et Renaissance*, 33 (1971), 79-100; ce critique souligne très justement le manque de sentiment vraiment religieux chez Montaigne dans cet ouvrage.

France incarne ces deux beautés et met en valeur une fonction de l'art qui, en fait, présuppose le naturel et l'a même domestiqué ; elle est donc "une ame bien née et exercée à la practicque des hommes [qui] se rend pleinement aggreable d'elle mesme. L'art n'est autre chose que le contrerolle et le registre de productions de telles ames" (III : iii, 802B).

Même si Montaigne distingue ce beau composé chez les femmes de celui des hommes, la portée de cet art naturalisé reste identique : la transmission de l'essence et du caractère humains et la capacité de l'homme de s'éterniser. Chez celles-là un physique attrayant est une condition nécessaire : "C'est le vray avantage des dames que la beauté" (III : iii, 805B). Tandis que les hommes peuvent présenter un extérieur laid, tel un La Boétie, un Socrate, projections de Montaigne même ; seule la beauté intérieure importe à cause de son potentiel créateur et de sa permanence :

> Mais nous appellons laideur aussi une mesavenance au premier regard, qui loge principalement au visage, et souvent nous desgoute par bien legeres causes : du teint, d'une tache, d'une rude contenance, de quelque cause inexplicable sur des membres bien ordonnez et entiers. La laideur qui revestoit une ame très belle en La Boitie estoit de ce predicament. Cette laideur superficielle, qui est pourtant très imperieuse, est de moindre prejudice à l'estat de l'esprit et a peu de certitude en l'opinion des hommes.
> (III : xii, 1035B)

Cette possibilité de décalage entre extérieur et intérieur chez les hommes fait d'autant plus ressortir le prix de la beauté physique, naturelle, des femmes. L'artifice ne peut guère renchérir sur le naturel, mais le beau naturel constitue une partie intégrante de l'art : "Elles cachent et couvrent leurs beautez soubs des beautez estrangeres. C'est grande simplesse d'estouffer sa clarté pour luire d'une lumière empruntée ; elles sont enterrées et ensevelies soubs l'art. '*De capsula totae*.' C'est qu'elles ne se cognoissent point assez ; le monde n'a rien de plus beau ; c'est à elles d'honnorer les arts et de farder le fard" (III : iii, 800BC). La femme ne peut jamais se passer de beauté ; peu importe qu'elle soit truquée tant qu'elle possède un intellect sérieux, telle la

Franca, et si elle est naturelle, Montaigne ne lui préfère qu'un apparat culturel (cf. 801). La suprématie de l'intérieur reste donc inéluctable et mine toute perfection ou imperfection extérieure, et elle adopte ce statut parce qu'elle confond art et nature ; l'essence humaine est non seulement préexistante mais acquise : "Or je me pare sans cesse, car je me descris sans cesse" (II : vi, 358C).

Toute considération esthétique finit par avoir une signification ontologique ; une observation sur ce qui est beau, ou ce qui plaît, fait visuel et extérieur, reflète le goût et l'état d'âme du spectateur, surtout s'il s'agit de paysage, car là l'homme se situe de nouveau dans la nature et évalue le beau par rapport à la condition humaine. Puisqu'un paysage pose des questions relatives au naturel, à l'artificiel et à l'ontologique, le *Journal de voyage*, ouvrage de recherche et de découvertes, en abonde évidemment. Cette fréquence pourrait s'expliquer par la curiosité et l'enthousiasme de Montaigne voyageur devant les nouveaux panoramas qui s'offrent constamment à ses yeux, mais la prépondérance et l'insistance sur les descriptions de sites à travers tout l'ouvrage s'inscrivent dans la formulation d'un réseau de signes esthétiques et ontologiques où se juxtaposent le sauvage (le naturel), la cultivation et les jardins (l'artifice), et le plat, puis l'infranchissable et l'escarpé : vallées et montagnes (la situation ontologique).

Dans la peinture, le paysage est un genre que la Renaissance valorise, et selon certains théoriciens c'est la prépondérance de cette catégorie de tableaux qui engendre le sentiment pour les paysages, la nature, si répandu à l'époque[1]. Cette théorie pourrait expliquer l'abondance de descriptions paysagistes dans le *Journal*, bien qu'il soit vraiment difficile de distinguer la cause de l'effet dans la théorie proposée ci-dessus. Toujours est-il que le paysage dans l'art n'occupe pas une fonction simplement esthétique mais existe en tant que commentaire sur la condition humaine, sur la tension entre ordre et désordre dans le monde. Sachant que l'art a déplacé la nature, le peintre de la Renaissance veut au moyen de ses paysages évoquer une contemplation où l'homme puisse

---

[1]   Cf. Ernst Gombrich "Renaissance Theory and the Development of Landscape Painting", *Gazette des Beaux-Arts*, 41 (1953), 354; Kenneth Clark, *Landscape into Art* (Londres: Murray, 1976), pp. 33-71.

découvrir sa relation à un monde en branle[1]. Et il n'est pas excessif de transposer cette fonction des paysages dans l'art figuratif à ceux du *Journal*.

Les sites devant lesquels Montaigne s'extasie le plus combinent des plaines qui s'étendent sur des coteaux cultivés   au pied de hautes montagnes ; il en résulte donc une perspective d'abord horizontale et puis verticale qui oppose la petitesse de l'homme à un espace vertigineux. La sécurité du voyageur bien planté dans la plaine, en somme dans son assiette, se poursuit sur les coteaux cultivés qui indiquent une certaine maîtrise de l'homme sur son univers, une humanisation de la nature, et cède devant l'immensité et l'inaccessibilité incontestable des barrières rocheuses. En effet, Montaigne se plaît dans cette situation à la fois large et étroite, c'est-à-dire dans une position contestable aisément transformée en épreuve, en essai, en prise de conscience. Une telle signification emblématique se dégage de la description de la vallée d'Inn que Montaigne traverse en route de l'Autriche vers l'Italie :

> Ce vallon sambloit à M. de Montaigne, represanter le plus agreable païsage qu'il eut jamais veu ; tantot se reserrant, les montaignes venant à se presser, et puis s'eslargissant asteure de notre costé qui estions à mein gauche de la riviere, et gaignant du païs à cultiver et à labourer dans la pante mesmes des mons qui n'estoint pas si droits, tantot de l'autre part ; et puis decouvrant des pleines à deus ou trois estages l'une sur l'autre, et tout plein de beles meisons de jantil'homes et des eglises. Et tout cela enfermé et emmuré de tous cotés de mons d'une hauteur infinie.
>
> (135)

Ce tableau oscille entre le représentatif (le naturel) et le fantastique (l'artifice), entre un espace illimité et un univers cellulaire ; le visuel

---

[1]   A. Richard Turner, *The Vision of Landscape in Renaissance Italy* (Princeton, N.J.: Princeton University Press, 1966), p. 212. Quant à la littérature, les paysages y abondent dans tous les siècles; chez un Flaubert, ils constituent diverses techniques de récit (voy. Benjamin F. Bart, *Flaubert's Landscape Descriptions* [Ann Arbor: University of Michigan, 1956], pp. 48-52) et chez un Proust, ils évoquent le passé pour supplanter le présent (voy. Frances V. Fardwell, *Landscape in the Works of Marcel Proust* [Washington, D.C.: The Catholic University of America Press, 1948], p. 198).

devient cérébral. Si d'une part le paysage situe l'homme dans une immensité et une fluctuation qui le rendent indécis, ces mêmes lieux, d'autre part, lui fournissent les preuves d'un ordre qu'il recherche. Et cet ordre est, en outre, la juxtaposition du naturel et du domestiqué d'un inconnu devenu accessible par la présence humaine, de l'ennui et l'oisiveté vaincus par le travail.

Tout comme les *Essais* , les paysages dans le *Journal* figurent en tant que lieux de contemplation, de réflexion, et de dialogue avec le passé, avec l'histoire. Ils constituent aussi un lieu de refuge, une sorte d'"'arrière-boutique", où le spectateur-voyageur fuit la corruption de ses contemporains, la vie "citadine" et ses responsabilités civiques, oublie les souffrances de sa maladie, sa condition humaine, et retrouve sa sérénité, le travail, la culture de terres bien administrées qui pourvoient aux besoins et plaisirs humains, en somme, le contrepoint de l'écriture d'essais. Parmi bien d'autres endroits semblables en Italie, la petite ville de Terni au nord de Rome concrétise les fonctions esthétiquement thérapeutiques des paysages, et par extension des essais :

> En cette mesme place il y a une inscription, qu'ils ont relevée en lieu eminant : à un A. Pompeius A.F. les habitans de cette ville, qui se nome *Interamnia*, pour la riviere de Negra qui la presse d'un coté et un autre ruisseau par l'autre, ont erigé une statue pour les services qu'il a faict à ce peuple ; la statue n'y est pas, mais je jugeai la vieillesse de cet escrit, par la forme d'escrire en diptongue *periculeis* et mots samblables. C'est une belle villete en singulierement plesante assiete. A son cul d'où nous venions, ell'a la pleine tres fertile de cet valée, et au delà, les coteaus les plus cultivés, habités. Et, entr'autres choses, pleins de tant d'oliviers, qu'il n'est rien de plus beau à voir, atandu que parmi ces couteaus, il y a quelquefois des montaignes bien hautes qui se voient jusques sur la sime labourées et fertiles de toutes sortes de fruits.
> J'avois bien fort ma cholique, qui m'avoit tenu 24 heures, et etoit lors sur son dernier effort ; je ne lessai pourtant de m'agreer de la beauté de ce lieu là.
> (279)

Ce tableau peut être réduit à un jardin monumental typique de la Renaissance italienne où art et nature se juxtaposent ; en fait, l'art domestique la nature, donc la nature finit par imiter l'art. L'homme ne se meut plus dans une forêt de signes indéchiffrables mais dans les lieux de sa propre création où il se reconnaît et qui sont à son service. Cependant cette humanisation de la nature laisse toujours transparaître un passé brumeux sous forme d'inscriptions, maintenant hiéroglyphes, sur lequel est construit le présent. Ces inscriptions hiéroglyphiques sont pareilles aux citations dans les essais, bribes extra-textuelles manipulées et souvent hors de leur contexte original, mais charpente immuable du nouveau texte, sur laquelle s'échafaude la pensée de Montaigne. Cette peinture d'une nature humanisée côtoie l'utopique par sa perfection, et elle reflète aussi une certaine idéalisation car les "montaignes bien hautes" ne sont en réalité que des collines soigneusement cultivées. Cette idéalisation veut dire que les paysages restent autant figuratifs que psychologiques, des réflexions ou des besoins d'un état d'esprit ; en outre, elle traduit une perspective visuelle, c'est-à-dire une distance entre sujet et objet, et la conscience d'une disproportion entre le voyageur-spectateur-lecteur et le milieu et le savoir qu'il semble avoir maitrisés ; en somme, le culte de la petite grandeur humaine.

Le moi global qui se dégage des *Essais* aime à se présenter humblement, bassement, mais l'ironie résultant de la plurivocité du texte le rehausse constamment. Ce mobilisme vertical, l'effet, entrecroise un plan horizontal, la cause, l'espace empirique livresque et vécu où se forme le Moi. Et à l'intersection des deux plans se situe la "forme maistresse" (III : ii, 789B). Dans les essais l'entrecroisement de l'horizontal et du vertical opère à un niveau abstrait, ontologique et éthique, tandis que dans le *Journal* il apparaît concrètement, dans un domaine figuratif. La peinture moderne, à laquelle la Renaissance donne l'essor, se base précisément sur une étude et un jeu d'intersections qui mènent à la perspective, à un mobilisme, et à la création d'un espace ; l'univers donc se détend et se multiplie. Les paysages dans le *Journal* obéissent à ces principes ; ils offrent une variété de plans horizontaux et

verticaux dans lesquels se situe le voyageur-spectateur, autre dimension
verticale et bien entendu humanisante. Dans les essais, les vacillements et
les oscillations se font en quête d'un ordre, d'une auto-conscience, d'une
précision de la forme maîtresse : "Je propose une vie basse et sans
lustre, c'est tout un... Le pris de l'ame ne consiste pas à aller haut, mais
ordonnéement" (III : ii, 782B, 787B). L'espace vertical finit par
l'emporter sur l'horizontal : "Les autres s'estudient à eslancer et guinder
leur esprit ; moy à le baisser et coucher. Il n'est vicieux qu'en extantion"
(III : iii, 799B).

En effet, l'espace vertical doit sa supériorité à sa capacité de
renforcer l'auto-conscience : "A toutes avantures, je suis content qu'on
sçache d'où je seray tombé" (III : ii, 796B) ; ici l'expression aléatoire
liminaire ne manque pas non plus, en révélant le sourire de Montaigne,
de venir appuyer la suprématie du vertical, de l'ontologique.

L'interaction des plans horizontaux et verticaux, soit dans les
Essais soit dans les paysages du *Journal*, fait ressortir des paradoxes et
la juxtaposition d'opposés mais afin de mieux démontrer l'intégralité du
Moi, de l'homme, une intégralité se composant, sans aucun doute, de
contrastes : "Je me veux presenter et faire veoir par tout uniformément...
Je fay coustumierement entier ce que je fay et marche tout d'une piece"
(III : ii, 794C, 790B)[1]. L'harmonie, la beauté composée, le sens de
l'appréhension et de l'épreuve auxquels Montaigne-voyageur participe et
s'intègre dans les paysages se retrouvent également dans les essais où ont
lieu les mêmes tentatives de cerner et de maîtriser un périmètre de
l'écriture, du voyage, et de valoriser l'artifice naturel.

Michel voyageur et Montaigne essayiste s'interchangent, se
conjuguent ; le *Journal* explique les *Essais* , et les *Essais* aboutissent
aussi au *Journal*. Les deux ouvrages sont donc interdépendants, car
pensée, ou écriture, chez notre auteur illustre en fin de compte un flux et
reflux, "remplissant et versant sans cesse" (I : xxvi, 144C). Le même
procédé opère au niveau thématique ; art et nature, beau et laid,

---

[1]   Cf. Alfred Glauser, *Montaigne paradoxal* (Paris: Nizet, 1972), pp. 33-46.

ostentation et perfection se confondent et se rejoignent pour faire valoir la maîtrise de l'homme sur soi et sur son milieu, en somme l'humanisation de la nature. *Journal* et *Essais* ne font que souligner et jouer sur cette suprématie précaire afin de préciser que si Michel et le maire ont toujours été deux, Michel et Montaigne ont toujours été un.

X

JOURNAL ET *ESSAIS* :

L'ASSIETTE DU VOYAGE

Voyager c'est le désir d'être toujours autre part, c'est la recherche du Moi parmi les autres, et très souvent pour aboutir à la formule rimbaldienne: Je est un autre. Voyager c'est donc la tentative du Moi de s'intégrer dans un milieu tout en restant libre. Et les *Essais* et le *Journal de voyage en Italie* s'inscrivent dans ce but. Les *Essais* représentent un voyage dans l'imaginaire et le vécu, dans le passé et le présent ; ils sont par conséquent le registre du Moi dans une atemporalité recherchée que traduit une écriture transcendant temps et espace, tandis que le *Journal* marque la simultanéité d'expériences visuelles et d'écriture, d'observation et de fiction. Les deux ouvrages se rejoignent dans une autobiographie sélective où se juxtapose toute une série d'antinomies: crédulité et incrédulité, vérité et mensonge, sincérité et ironie, santé et maladie, bonheur (ou bien-être) et malaise, continuité et discontinuité, je et il (lui, eux), langue française et langue étrangère, observation et narration. L'autobiographie se confond dans l'anthropologie, et vice versa, tout comme le détail semble se perdre dans la multiplicité, selon ou non l'emploi du téléobjectif de la caméra. Car l'oeil du voyageur, tout comme celui de l'essayiste, est cette caméra qui sélectionne ; et en plus, il emploie la technique du *zoom* en agrandissant ou rapetissant selon son gré et sa partialité. Choix et filtrage agencent donc l'écriture et font ressortir moins ce qui noircit la page que ce qui est passé sous silence.

Adhésion et distance, créant à la fois engagement et ironie, ponctuent le voyage et les essais ; elles se voudraient au service d'une diversité édifiante mais, en somme, elles minent la recherche d'une stabilité, d'ailleurs illusoire. Montaigne se montre par conséquent beaucoup plus critique dans le détail (l'ironie) que dans l'ensemble (l'adhésion). Il apprécie, mais il ne s'emporte pas, lorsqu'il s'agit du visage et non pas de l'âme d'un objet, d'une ville, d'une personne. A Venise, par exemple, "Il disoit l'avoir trouvée autre qu'il ne l'avoit imaginée, et un peu moins admirable. Il la reconnut, et toutes ses particularités, avec extreme dilijance. La police, la situation, l'arsenal, la place de S. Marc, et la presse des peuples estrangiers, lui samblarent les choses plus remercables" (168). Et goûter ne veut pas dire assimiler, ou épouser comme il le dirait lui-même: "M. de Montaigne, pour essayer tout à faict la diversité des meurs et façons, se laissoit partout servir a la mode de chaque païs, quelque difficulté qu'il y trouvat" (90). Au besoin, il se conforme mais sans s'attacher à quoi que ce soit, car il lui faut garder sa liberté de changer, de pouvoir aller autre part, et de juger. Or, changement implique stabilité dans le sens de roulement ou renouvellement, donc transformation structurée. Cette notion de stabilité dynamique explique son affinité avec la "police" de Venise. Lois et coutumes exercent leur fonction salutaire en se ravivant, en se faisant périodiquement rappeler aux autres. C'est cette condition qui existe à Plombières et qui frappe tant Montaigne qu'il cite textuellement les lois telles qu'elles apparaissent nouvellement affichées tous les ans "dans un tableau audevant du grand being" (69). Et voilà le zoom en action, indice de l'importance que Montaigne attache à cette autre "police," puisqu'il cite intégralement un texte de deux pages (70-71). Admiration, cependant, qui s'applique à ce que les autres peuvent faire et pas nécessairement à ce que lui veut faire.

Or, il existe toujours distance entre lui et les autres. Et distance aussi entre lui et les lois et les coutumes auxquelles il ne faut pas tout à fait s'assujettir ; elles doivent à l'occasion pouvoir devenir elles-mêmes malléables dans des circonstances particulières. La durée flexible de lois et coutumes se manifeste irrévocablement dans l'essai "De la coutume," où rien ne doit entraver la liberté individuelle: "Car c'est à la verité une violente et traistresse maistresse d'escole que la coustume. Elle establit en nous, peu à peu, à la desrobée, le pied de son authorité, mais, par ce doux et humble commencement, l'ayant rassis et planté avec l'ayde du temps, elle nous descouvre tantost un furieux et tyrannique visage, contre

lequel nous n'avons plus la liberté de hausser seulement les yeux" (I :
xxiii, 106A) .

Et dans le *Journal* c'est le détail, parfois ironique, qui fait ressortir
la nécessité de la liberté individuelle. A Pistoie, Montaigne décrie
l'hypocrisie ou la faiblesse du peuple qui continue à faire marcher dans
les cérémonies officielles son gonfalonnier en tête lorsque le podestà,
envoyé du grand duc, qui le suit exerce en réalité tout le pouvoir
— condamnation de l'écart entre apparence et essence (311). Par contre,
à Lucques il aime voir paysans et paysannes s'habiller en gentilshommes
et dames parce que cette confusion voulue, ce décalage ici, démocratise la
société (337). En général d'ailleurs, il apprécie la participation de paysans
dans les fêtes offertes par des gens d'un rang plus élevé, car il y voit un
indice de la restitution d'une liberté perdue (385). Ces légers coups de
pinceaux paraissent quelque peu désinvoltes, même dirait-on fortuits,
mais ils expriment la pensée profonde de Montaigne. De plus, la
juxtaposition de détails formant un tableau expressément déséquilibré et
incongru fait entrevoir un sourire narquois et l'abîme entre observateur et
observé qui relève d'une conscience irréprochable, comme dans l'aperçu
cinglant de Pise dont par ailleurs il décrie la faiblesse politique: "Ella è fra
le altre cose abbondantissima di piggioni, e nocciuole, e funghi" (411).

L'ironie implique une distance sagace et un jugement critique. A
cause de cette dimension narrative dans le *Journal* et dans les *Essais* , il y
aura une divergence d'opinions sur la signification et la sincérité des
passages ayant un contexte religieux[1]. Or, il est indéniable que le regard
de Montaigne se porte sur des détails qui font ressortir le décalage entre
être et paraître d'où vient encore une fois un humour résultant d'une
distance entre observateur et observé, entre engagement et critique (ou
esprit déconstructeur). Montaigne note sans cesse la façade religieuse, ce
qui ne veut pas dire qu'il met en doute la foi mais plutôt la manière dont

---

[1]   Cf. R.A. Sayce, "Montaigne and Religion," *The Essays of Montaigne: A
Critical Exploration*, (Evanston: Northwestern University Press, 1973), pp. 202-32; et
Lino Pertile, "Il problema della religione del 'Journal de voyage' di Montaigne,"
Bibliothèque d'Humanisme et Renaissance, 3 (1971), pp. 79-100. Pour le point de
vue opposé, voir Charles Dedeyan, *Essai sur le 'Journal de voyage' de Montaigne*,
(Paris: Boivin, 1946), pp. 89-97; et Maturin Dréano, *La religion de Montaigne*,
(Paris: Nizet, 1969), pp. 183-93.

celle-ci se manifeste. Il entend aussi éprouver la crédulité du lecteur et le rendre conscient de ce qui se passe ; par conséquent, le piège est tendu pour effectuer une prise de conscience et une suspension entre crédulité et incrédulité, entre sérieux et ludique. Globalement il récrimine la parade, indice du mécanique et de l'inconscient. A Rome, "Ces ceremonies samblent estre plus magnifiques que devotieuses" (210), et même à Lorette, "Il y a là plus d'apparance de religion qu'en nul autre lieu que j'aie veu" (296). Sa participation à ces cérémonies et à des pèlerinages n'a rien à voir, dans un sens, avec sa foi ; ces activités ne la prouvent pas ni ne la réfutent. Le touriste curieux veut tout voir et tout faire, suivre les autres, mais sans en être tout à fait dupe ; dans cette oscillation entre participation et interrogation se trouve le but du voyage. Bien qu'il ait lui-même "logé un tableau" dans la chapelle de Lorette, sa dernière remarque reste bien révélatrice: "Entr'autres choses, pour la rarité, on y avoit laissé parmi d'autres presans riches, le cierge qu'un Turc frechemant y avoit envoïé, s'etant voué à cete Nostre-Dame, estant en quelque extreme necessité, et se voulant eider de toutes sortes de cordes" (287). C'est ici une technique typique de Montaigne qui consiste en la construction d'un édifice d'argumentations que fait écrouler un détail cocasse ou un autre argument-exemple situé subrepticement en quelque endroit stratégique ou à la fin ; voir par exemple à la fin de nombreux essais.

Automatisme et rhétorique mécanique mettent en cause toute crédulité et jouent avec le sens si bien qu'il finit par être difficile de croire ou de ne pas croire ; la ligne de démarcation entre vrai et faux, conviction et mystification tend à disparaître. Lorsque "Le pape, d'un visage courtois, admonesta M. d'Estissac à l'estude et à la vertu, et M. de Montaigne de continuer à la devotion qu'il avoit tousjours porté à l'église et service du Roi treschrestien, et qu'il les serviroit volantiers où il pourroit: ce sont services de frases Italiennes" (212), Montaigne ne veut-il pas indiquer par la dernière remarque ("ce sont services de frases italiennes") un certain automatisme dans les paroles du pape qui les prive en grande partie de signification et de sincérité ? L'écrivain, ici en fait le secrétaire, prend du recul, raconte, commente, sourit. Veut-il faire entendre seulement de la vénération ou y ajoute-t-il un peu de mépris moqueur ? Donc, distance et regard sur soi-même, incrédulité, mais cependant participation, jeu sérieux. Et de même quand Montaigne observe que les corps dans le cimetière de Pise se consument rapidement à cause d'une propriété unique de la terre apportée de Jérusalem ("Si dice affermatamente da tutti, che gli corpi che vi si mettono, in otto ore gonfiano in modo che se ne vede alzar il terreno ; le otto di poi scema, e cala ; le ultime otto si consuma la carne i modo, ch'inanzi le 24 non ci è più che le ossa ignude" [397]), y croit-il vraiment, veut-il le faire croire, s'amuse-t-il simplement ? Pourtant il cherche à convaincre, à se convaincre: "Parve verisimile, perché in un cimiterio di così fatta Città si vedono rarissime ossa, e quasi nulle, e nissun loco dove si raccoglino, e riserrino, come in altre Città" (398). Il s'agit plutôt d'une rationalité réfutable, d'une argumentation gratuite, figurant de nouveau à la fin de cet épisode et détruisant ainsi, ou tout du moins minant d'autant plus la véracité de ce qui précède en faveur d'une vraisemblance enjouée[1].

L'invraisemblable contient toujours une mesure de vraisemblable. Il n'y a qu'à rapprocher tout l'essai "Des boyteux" (III: 11) dont la dichotomie raison-miracle s'appuie sur la mystification du lecteur qui finit par croire tout et rien. Malgré son caractère gratuit et automatique, la masse verbale continue à transmettre un message, à traduire une nécessité: "Nous prions par usage et par coustume, ou, pour mieux dire, nous lisons ou prononçons nos prieres. Ce n'est en fin que mine" (I: lvi, 304A). Le gratuit et l'insincérité peuvent aussi avoir une fonction discursive ; par conséquent, l'être et le paraître, le masque et le visage se confondent. La signification du voyage se situe non pas dans l'atteinte d'un but mais dans la présentation et la découverte de nouvelles escales où ce qui semble incroyable se met également au service du croyable. Et c'est dans le même essai "Des prieres" que Montaigne explique son besoin de l'insensé, de ce qui est irrationnel et dénué de sens: "Je propose des fantasies informes aux escoles ; non pour establir la vérité, mais pour la chercher" (302A).

---

[1]   On n'a pas encore suffisamment relevé l'emploi de l'ironie dans le *Voyage*; voir cependant Guido Piovene, "Prefazione" *Giornale del viaggio di Michel de Montaigne in Italia*, trad. A. Cento, (Florence: Parenti, 1959), p. xxxv; et C. Dedeyan, op. cit., p. 161.

Montaigne en voyage se trouve le mieux assis entre deux selles. Puisque l'observateur ne s'éloigne jamais trop loin du conteur, il se produit une confusion d'identité qui brouille réalité et fiction, christianisme et paganisme, vie intime et vie quotidienne, masculinité et féminité. Le sourire dissout toute différence non seulement en fonction de l'universalité et du relativisme mais précisément pour poser la question de la différence: Qui sommes-nous ? Et la réponse ne se réduit qu'à des masques. Ou bien la vérité se confond avec le sourire. Lorsque Montaigne décrit longuement et attentivement la cérémonie d'une circoncision à Rome, il remarque: "Le cry de l'enfant est pareil aus nostres qu'on baptise" (226) ; soudainement toute différence entre judaïsme et christianisme disparaît, car deux rites fondamentalement différents sont réduits à un dénominateur commun. Et lorsqu'une courtisane en train d'exercer sa profession entendit sonner l'*Ave Maria*, elle "se jeta tout soudein du lit à terre, et se mit à genous pour y faire sa priere" (233) ; amour profane et amour sacré ne se distinguent guère l'un de l'autre parce que le sourire de l'auteur, devenu conteur enclin à amuser, fait disparaître la ligne de démarcation entre les deux. C'est aussi le cas de la mère dont la fille exerce la même profession, qui surgit dans la chambre occupée par le couple pour lui ôter un médaillon de Notre-Dame "pour ne la contaminer de l'ordure de son peché: la jeune santit un'extreme contrition d'avoir oblié à se l'oster du col, comme ell'avoit acostumé" (234). Et la scène de l'ambassadeur russe devant le pape, où la pompe et magnificence de ce dernier sont opposées à celles plus insolites (barbares ?) de l'autre, remet en question le relativisme du terme civilisation (234-35) ; ici l'ironie dérive du fait que l'oeil européen occidental décrivant l'ignorance du russe, et semblant par conséquent la dénigrer, ne voile pas non plus les faiblesses vaticanes. Quant aux histoires rapportant des cas de transsexualité et travestissement, le clin d'oeil du narrateur se révèle par l'alternance du *il* et du *elle* au cours de sa relation de "faits" ; ici il y a donc jeu de l'identité sexuelle et de crédulité qui fait valoir une mystification et un plaisir de conter aux dépens d'une réalité déjà prodigieuse (60-61).

Le goût du conte, auquel il faut ajouter le goût de la surprise à la fin, se voit également dans la narration des "astrolabes" dont on se sert pour les promenades dans les ruelles de courtisanes: "Les personnes de grade ne vont qu'en coche, et les plus licentieus, pour avoir plus de veue contremont, ont le dessus de coche entr'ouvert à clervoises ; c'est ce que vouloit dire le prechur de ces astrolabes" (257) ; il aura fallu attendre une page pour en avoir la définition. Un fait divers, une observation, se transforme en conte par une accumulation de détails faisant sans cesse reculer un but explicatif dont la fonction sémantique se perd de vue ; ici le voyage vers la définition est une manière de raconter. En somme, l'espace entre l'observateur et le conteur pourrait s'intituler fictif, c'est-à-dire *locus* créateur, ou bien encore, cet espace est l'arrière-scène où le narrateur se met un masque qui le rend à la fois reconnaissable et méconaissable, objectif et subjectif, pourvoyeur de vérité et de mensonge. Bref, le voyageur est conteur.

Dans le *Journal*, d'ailleurs, Montaigne se pose, bien qu'indirectement, la question de la définition de l'écrivain tout comme il le fait dans les *Essais* sous le masque de l'historien. Et la question se pose précisément dans le contexte dichotomique de l'artifice et du naturel, de l'invention et du vrai, de la vocation et du labeur, de l'écrit et de l'oral, du conte et de l'observation. Montaigne, suivant sa propension bien connue, glisse bien habilement le long de cette gamme antithétique afin de confondre les catégories. Lors de son séjour à Lucques, il rencontre une femme laide, âgée de trente-sept ans, la gorge gonflée, ne sachant ni lire ni écrire, "Ma nella sua tenera età avendo in casa del patre un zio che leggeva tuttavia in sua presenzia l'Ariosto, et altri poeti, si trovò il suo animo tanto nato alla poesia, che non solamente fa versi d'una prontezza la più mirabile che si possa, ma ancora ci mescola le favole antiche, nomi delli Dei, paesi, scienzie, uomini clari, come se fusse allevata alli studi" (346-47). S'agit-il de la description d'une simple improvisatrice au talent facile ou faut-il aussi y voir une sorte d'auto-portrait allusif ? De nouveau quelque peu ironique, car Montaigne se regarderait souriant en se dégradant, ayant été élevé lui-même par son père à la lecture d'Ovide, et faiseur d'essais dont le caractère, en apparence tout du moins, rappelle les mélanges de la paysanne. Mais s'il a eu l'imprudence de suggérer une telle comparaison, de se découvrir un instant si hardiment, il a vite fait de laisser retomber le rideau, ou encore, de lever le pont-levis, en terminant

le portrait d'une façon dénigrante, comme il lui plaît souvent de le faire:
"Mi diede molti versi in favor mio. A dir il vero non sono altro che versi,
e rime. La favolla elegante, e speditissima" (347). Après tout, ses essais
à lui ne sont-ils pas que larcins et excréments de son esprit ?

Malgré ses protestations de simplicité naturelle, Montaigne
s'adonne en fait à un naturel artificiel ; il préconise donc, ou même
prône, une donnée soit pour la renverser soit pour lui juxtaposer, ou
suggérer, son opposé. La simplicité naturelle pourrait être aussi un idéal,
par définition, inaccessible. S'il veut faire semblant d'un débit facile,
d'une reproduction photographique, c'est-à-dire, d'une *mimesis* fidèle,
c'est pour mieux valoriser la "fictionalisation" de son récit, pour
rechercher l'assiette de l'écrivain. Divizia, la Lucquoise écrivain malgré
elle, s'accorde au truchement "simple et grossier" de l'essai "Des
cannibales," car tous les deux gardent leur caractère naïf tant qu'ils se
limitent au rôle de transmetteur oral d'expériences. Mais lorsque
Montaigne se fait le truchement du truchement, notamment essayiste, la
vérité naturelle disparaît quelque peu. Et c'est bien dans cette situation
que se trouvent ces autres historiens (et Montaigne aussi ?):

> Car les fines gens remarquent bien plus curieusement et plus de
> choses, mais ils les glosent ; et, pour faire valoir leur
> interpretation et la persuader, ils ne se peuvent garder d'alterer un
> peu l'Histoire ; ils ne vous representent jamais les choses pures,
> ils les inclinent et masquent selon le visage qu'ils leur ont veu ;
> et, pour donner credit à leur jugement et vous y attirer, prestent
> volontiers de ce costé là à la matiere, l'alongent et l'amplifient. Ou
> il faut un homme très-fidelle, ou si simple qu'il n'ait pas dequoy
> bastir et donner de la vray-semblance à des inventions fauces, et
> qui n'ait rien espousé. Le mien estoit tel...
>   (I: xxxi, 202-03A)

Et telle était aussi Divizia en tant que poète, car elle était poète *faber*
naturel non vouée à l'imagination, à un parti pris, et au *furor poeticus*.
Mais Montaigne est tout autre chose quoi qu'il en dise! Certes, il
déclare : "Ainsi je me contente de cette information, sans m'enquerir de
ce que les cosmographes en disent" (ibid., 203A). Or, à maintes reprises
dans cet essai il se base sur André Thevet, *Les Singularités de la France*

Antarctique ; Jean de Léry, *Histoire d'un voyage fait en la terre du Brésil, dite Amérique* ; et Lopez de Gomara, *Histoire générale des Indes*[1]. De nouveau sourire, de nouveau à la fin de l'argument, donc ironie ; il ne fait pas ce qu'il conseille de faire. L'espace fictif ici se situe entre l'historien oral, inexistant car simple truchement, et l'historien, l'essayiste. Le vrai se trouve donc dans le prétendu faux. Cet espace de la fiction est aussi le *locus* du voyage de l'imaginaire, où l'historien se métamorphose en essayiste et le voyageur-observateur en conteur.

Le voyage se constitue en recherche d'une écriture à travers des bribes verbales qui peuvent signifier ou pas ; qu'il s'agisse de réductions quintessentielles intégrales ou d'un langage hiéroglyphique, il faut toujours les reconstituer non seulement en fonction d'un contenu sémantique mais surtout d'une pensée morale dont ils sont la représentation. Dans le *Journal*, l'oeil du voyageur s'attache sans cesse à des devises, à des inscriptions chiffrables ou indéchiffrables sur des monuments ou des ruines ; cet intérêt reflète évidemment un besoin de communiquer avec le passé mais aussi la difficulté sinon l'impossibilité de le faire: "Toutefois sur la cornice de cet' Eglise, on voit encore cinq ou six grosses lettres qui n'etoint pas continuées ; car la suite du mur est encore entiere. Je ne sçais pas si au davant il y en avoit, car cela est rompu ; mais en ce qui se voit, il n'y a que CE..ELLIUS L.F. Je ne scai ce que ce peut estre" (273)[2]. Dans son chapitre sur les "Fanfreluches antidotées" (*Gargantua*, ch.2) Rabelais avait déjà établi cette rupture sémantique et aussi éthico-culturelle entre le passé et le présent, rupture qu'il se proposait d'ailleurs de ressouder en tant qu'Humaniste, tout comme Montaigne lui-même, en faisant valoir un nouveau présent.

Au niveau sémantique, cette attraction frénétique et obsédée de fragments verbaux, intégraux ou non, veut souligner la rupture entre signifié et signifiant, mais elle indique aussi la nécessité intense qu'éprouvent les Humanistes de se perpétuer ; et ils en trouvent la

---

[1] Bernard Weinberg, "Montaigne's Readings for 'les Cannibales'," *Renaissance and Other Studies in Honor of William Leon Wiley*, éd. George B. Daniel (Chapel Hill, North Carolina: University of North Carolina Press, 1968), pp. 261-79.

[2] Cf. pour d'autres exemples, pp. 241-42, 246, 278-79, 296, 299, 303, 334, 399.

manifestation concrète de possibilité, et même de succès, dans ces résidus de mots. Une rupture sémantique mène donc à une intégration spirituelle, à une auto-réalisation: "Cet usage de mettre einsi par escrit et laisser tesmouignage de tels ouvrages, qui se voit en Italie et Allemaigne, est un fort bon eguillon ; et tel qui ne se soucie pas du publiq, sera acheminé par cet'esperance de reputation, de faire quelque chose de bon" (277-78). Dans "Des noms," Montaigne s'était déjà adressé à ce décalage entre signifié et signifiant par rapport à l'obsession de la renommée. Même s'il pensait en particulier aux noms propres, il voulait faire entendre la difficulté de nommer, d'assigner un nom à une personne ou à un objet qui puisse le désigner authentiquement. Et de cette course aux mots se paît la vanité de l'homme: "Où asseons nous cette renommée que nous allons questant avec si grand peine ? C'est en somme Pierre ou Guillaume qui la porte, prend en garde, et à qui elle touche" (I : xlvi, 269A). Il en résulte un abîme entre l'auteur et son oeuvre ; Michel qu'a-t-il à voir avec les *Essais* ? Ecart créé pour mieux se voir. Mise en question de l'activité d'écrire, du voyage, non pour la refuter, mais pour la rehausser encore.

Montaigne dégrade ce qu'il estime non pas uniquement par esprit de contradiction ou de paradoxe mais également pour démontrer le branle humain où il faut chercher son assiette — raison de voyage. Les devises, inscriptions ou bribes de mots, en dépit de leur réflexion de la vanité humaine, restent tout de même des indices d'une résistance et survivance au temps ; elles se font emblèmes, résumés distillés, d'une personne, d'une pensée. Et considérées sous ce jour, elles deviennent l'équivalent des citations dans les essais, car les citations sont à la fois des points de repère fixes, appuyant momentanément un argument, et le résultat toujours concret mais partiel d'une transgression du temps, pierres de touche archéologiques fouillées par l'auteur dans un but précis et éphémère. Ces citations sont donc des emblèmes qui illustrent densément la pensée des autres et que Montaigne s'approprie ensuite comme les siens ; un vers de Lucrèce, par exemple, orne le bonnet de Montaigne : assimilation mais toujours écart, confiance et méfiance. En somme, le temps ébranle constamment le signe: "Les armoiries n'ont de seurté non plus que les surnoms" (I: xlvi, 268B) ; la représentation, visuelle ou verbale, diffère de l'essence bien qu'elle reste le seul moyen de traduire l'homme qui veut laisser une empreinte. Il n'est donc pas étonnant que Montaigne s'adonne précisément à ce qu'il a décrié ailleurs et auparavant.

> Feci fare le mie arme in Pisa, dorate, e di bei colori, e vivi, per un scudo e mezzo di Francia ; e poi al bagno impastarle (perchè erano in tela) su una tavola ; e questa tavola la feci chiodare molto sollecitamente al muro della camera dove io stava, con quel patto, che si tenessino date alla camera, non al Capitan Paulino padrone d'essa, e che in ogni modo non ne fussino spiccate che che dovesse accadere della casa per di qui innanzi. E così mi fu promesso, e giurato da lui.
>
> (433)

Bien entendu, se faire faire ses armoiries et en parsemer ses lieux de séjour est une coutume de l'époque, comme elle l'était d'ailleurs au Moyen Age, et Montaigne ne manque pas d'en noter une abondance française à Pise (399) ; ce sont des traces laissées par Charles VIII en route pour conquérir le royaume de Naples en 1494. En outre, le goût de l'emblématique à la Renaissance s'explique en grande mesure par le fait socio-culturel de l'armoirie et se trouve ainsi au carrefour de la vie sociale et de la littérature. Sous cette dernière forme, l'emblématique se valorise par sa concrétisation visuelle et aussi par son économie verbale et son caractère exemplaire qui s'opposent à la *copia*, autres indices de la littérature de cette époque. Or, ces deux pôles se retrouvent dans un essai : les citations, d'ordinaire courtes et en langues étrangères, et le texte français.

Dans le *Journal*, la thématique de l'emblématique se voit au sens littéral, et en côtoyant souvent l'archéologie elle pose la question de la temporalité et de l'intemporalité, du continu et du discontinu, du fragment et de l'unité. Bien que les *Essais* grâce au rôle emblématique des citations se fondent également sur la même question, ici cette thématique s'est littérarisée, car elle exerce une fonction sémantique aussi bien que métaphorique. Est-il permis par conséquent de transférer cette dernière manifestation imaginative de l'emblème dans les essais à son équivalence plus sobre dans le *Journal* ? Une réponse affirmative s'impose puisqu'il n'y a rien de plus évident, ou de facile, que d'expliquer une œuvre par une autre oeuvre du même auteur. Si ce transfert, à partir de deux pôles opposés de technique rhétorique, mène à une synthèse, il n'en est pas de même, par contre, pour le transfert sémantique, car l'attitude contradictoire de Montaigne envers l'emblème, la devise, ou l'armoirie (tantôt il le décrie et tantôt il le poursuit assidûment), peut indiquer un changement d'opinion fort valable, mais elle valorise plutôt la lucidité de l'homme en train de se regarder et de se sourire. En se contredisant, ou faisant semblant, il se pastiche, et ironiquement, puisqu'il fait ce qu'il prétend ne pas faire ; la protestation sert donc à renforcer son opposé. L'emblématique, fondamentale pour les *Essais* et éclairée sous ce jour par le *Journal*, fût-elle intégrale, citationnelle ou fragmentaire, distille, résume, fige ; or, elle se fait assiette bientôt remplacée par une autre, par l'entremise d'un autre argument, d'un nouveau lieu, car le voyage, pour être, doit continuer ; il n'existe que dans sa virtualité.

Le voyage se fait à la recherche d'une assiette toujours illusoire, pour se guérir de coliques rénales persistantes, tout en conservant des doutes sur la fonction thérapeutique des eaux, objectifs palpables du voyage[1]. Cet écart critique entre engagement et conscience d'échec sous-entend une futilité qui n'empêche pas une continuation de l'entreprise, au contraire, que ce soit l'acte de se transporter d'un lieu à un autre ou d'écrire les essais. La déception et l'auto-critique rendent la poursuite d'autant plus nécessaire, et même impérative, puisque la réussite finit par se situer dans la complaisance où Montaigne s'observe, volupté qui n'exclut pas souffrance. La participation engage un refus et traduit ainsi

---

[1]   "Sur le doute de leur operation, en laquelle il trouve autant d'occasion de bien esperer qu'en nulles autres, soit pour le breuvage, soit pour le being..." (94); "elles ne sont ny pour nuire beaucoup ny pour servir" (326); "Essendo a ragionare con i paesani, et avendo io addomandato a uno uomo molto attempato, se essi usavano i nostri bagni, mi rispose, che lor accadeva quel ch'interviene a quelli che stanno vicino alla Madonna di Loreto, che rade volte ci vanno in pellegrinaggio: e che l'operazione delli bagni non si vede che in favore delli forestieri, e lontani... Di questo diceva seguire questo chiarissimo effetto, che più gente morisse, che non guarisse di questi bagni. E teneva per certo, ch'in poco tempo era per venire in cattivo concetto, et in disdetto al mondo" (438-439); cf. aussi pp. 58-59, 171-172, 173, 238-39, 272-73, 319-22, 326, 327-28, 385, pour ne citer que quelques exemples; parfois il se demande même si ce ne sont pas les eaux qui lui causent les sables rénaux (358-59).

le branle de la condition humaine qui renouvelle et qui reporte à la quête de l'assiette, du repos éphémère, et la renouvelle. Sous l'apparence, non moins réelle, de la curiosité, conviction et espoir, Montaigne s'adonne à de longues descriptions des bains où il séjourne ; de toute façon, il veut savoir où il se trouve et ne s'attend guère à une guérison miraculeuse. La santé étant une condition éphémère ou idéale, en s'engageant à sa recherche salutaire il ne suppose pas de réussite, tout du moins au niveau physiologique. Si les eaux ne guérissent pas, elles ne font pas de mal non plus et peuvent contribuer à une plénitude spirituelle. Atteindre cette dernière assiette, la fameuse *tranquillitas* humaniste, c'est déjà beaucoup, sinon tout ce qu'on doit espérer. Et à son retour, il le déclare dans une addition à l'essai "De la ressemblance des enfants aux peres": "Elles [eaux] ne sont pas pour relever une poisante ruyne ; elles peuvent appuyer une inclination legere, ou prouvoir à la menace de quelque alteration. Qui n'y apporte assez d'allegresse pour pouvoir jouyr le plaisir des compagnies qui s'y trouvent, et des promenades et exercices à quoy nous convie la beauté des lieux où sont communément assises ces eaux, il perd sans doute la meilleure piece et plus asseurée de leur effect" (II: xxxvii, 756A). Il y a là déjà une théorie de médecine et thérapie psychosomatiques qui explique également les longues descriptions des bains ; la fonction du voyage se cadre dans un domaine spirituel et esthétique, domaine éprouvant, cependant, sans cesse le besoin de se renouveler, de changer d'espace.

Les moments de sérénité n'excluent pas le retour de la maladie, au contraire, et le tiraillement de la colique et de la pierre rappelle l'invective contre la médecine, si fréquente dans les *Essais*, mais présente aussi dans le *Journal*: "La vaine chose que c'est que la medecine" (326). Ce doute ne l'empêche pas, lors de son séjour à Tivoli, d'acheter deux boîtes de "dragées" provenant du soufre d'un ruisseau. Et il voudrait de même croire aux effets d'une pierre verte apportée des Indes par un moine, "La quale pietra mentre l'ha avuto addosso, non ha mai sentito nè dolore, nè corso d'arenella" (355-56). Montaigne est disposé à tout croire ou à ne croire à rien, comme il est prêt à participer à tout ou à ne s'engager à rien. Dans les bains, il suit ou ne suit pas les directions, boit plus ou moins qu'il n'est conseillé, se baigne ou ne se baigne pas, reste dans l'eau plus

longtemps qu'il n'est permis ; il confond et se soumet au futile[1].
Pourquoi ? Pour s'observer.

Le but du voyage est de s'observer et de narrer cette auto-
observation, que ce soit dans les *Essais* ou dans le *Journal*, mais
toujours avec une lucidité dépréciative, donc ironique, car le sourire de la
prise de conscience comble l'espace entre ce que le texte dit et ce que
Montaigne fait. L'obsession de l'excrétion urinaire, flatulente et intestine,
omniprésente dans le *Journal*, peut en partie s'expliquer par le caractère
privé de l'ouvrage, même par un narcissisme occasionné par le but
médicinal du voyage et l'activité presque quotidienne des bains ponctuée
elle-même par d'innombrables passages de pierres minutieusement
décrites — ultimes excrétions quintessentielles. Mais ces raisons
n'empêchent toujours pas que l'obsession reste excessive, voire
malsaine, à moins qu'une autre raison apparaisse qui ôte le voile de
l'intimité: "C'est une sotte costume de conter ce qu'on pisse" (325).
Remarque à la fois ingénue et ironique puisque c'est précisément ce qu'il
fait. En outre, écriture destinée à un public ? Pour qui conte-t-il ?
Evidemment, lui est déjà un premier public, le premier lecteur-[écrivain]
puisqu'il se regarde et s'examine excréter, mais il veut aussi, dirait-on,
s'adresser à d'autres et leur faire part de sa catharsis. L'excrétion devient
par conséquent la métaphore de son écriture, de son expérience, comme
elle se manifeste d'ailleurs dans les *Essais* du même ton auto-déprécateur
qui traduit à la fois une valorisation et incertitude de la tâche: "Ce sont
icy, un peu plus civilement, des excremens d'un vieil esprit, dur tantost,
tantost lâche, et tousjours indigeste" (III: ix, 923B).

---

[1]   "E quelli essempi ch'io vedeva, et opinione delli Medici, medesimamente del
Donato scrittore di queste acque, io non avea fatto grande errore di bagnarmi la testa in
questo bagno, perchè ancora usano, essendo al bagno, d'addocciarsi il stomaco con una
lunga canna, attaccandola d'una banda alla polla, e dell'altra al corpo dentro il bagno, e
poichè d'ordinario si pigliava la doccia per la testa di questa istessa acqua: e quel dì che
si pigliava, si bagnavano. Così per aver io mescolato l'uno e l'altro insieme, non potti
far grande errore, o in cambio della canna d'aver presa l'acqua del proprio canale della
fontana... L'effetto di queste acque sopra dell'arenella che continuava in me tuttavia,
non si vedeva in parecchi altri liberi di questa infermità. Il che dico per non risolvermi,
ch'elle producessero l'arenella che buttavo fuora" (368-70).

La minutie des descriptions et l'obsession de la maladie ne figurent donc pas uniquement au niveau médical et physiologique. Elles illustrent également la recherche d'une connaissance de soi et d'un savoir épistémologique[1]. Elles font état en somme d'une saisie de la condition humaine: souffrir et s'y complaire afin de transformer cette condition en santé, en durée de conscience.

Cette signification de l'expérience maladive, reconnue dans les *Essais*, s'applique de même au *Journal* où elle est encore plus évidente car la maladie, et son inverse, la santé, s'y présentent d'une façon incessante. Il ne s'agit pas d'ailleurs de prétendre à la santé, fait impossible, mais simplement à un soulagement, à une assiette temporaire, d'autant plus recherchée qu'elle est rare: "Mi diedero tutto quel giorno gran noia, e disagio grande le ventosità al basso del ventre. Buttava di continuo le orine molto torbide, rosse, e spesse con qualche poco d'arenella. Sentiva la testa. Andava del corpo più presto oltra il solito che altramente" (423-24). Décrire, s'adonner à une minutie intime, voire excessive, c'est déjà un soulagement, et s'il y a des doutes à ce sujet les essais en sont le témoignage contraire: "J'entre desjà en composition de ce vivre coliqueux ; j'y trouve de quoy me consoler et dequoy esperer" (II: xxxvii, 737C). Ce genre de remarque ôte toute ligne de démarcation entre journal et essai ; en fait, elle les confond expressément afin de souligner une seule paternité qui permet une étude d'un texte en fonction de l'autre sans suivre d'ordre chronologique. Ici, le texte de l'essai n'apparaissait que dans un cadre littéral. Mais le journal est écriture, donc dans une certaine mesure, fiction, dans laquelle s'infiltre désormais un sens métaphorique, au niveau ontologique et épistémologique, tel qu'il se retrouve précisément dans les essais. Les deux ouvrages deviennent par conséquent un voyage à la recherche d'une stabilité, d'une certitude, irréalisable en vertu même de la notion de voyage. Le *Journal*, bien qu'il manifeste un voyage linéaire de lieu en lieu, délimite un trajet circulaire puisque Montaigne revient à son point de

---

[1]   Cf. M.A. Screech, "Medicine and Literature: Aspects of Rabelais and Montaigne (with a Glance at the Law)," *French Renaissance Studies (1540-70): Humanism and the Encyclopedia*, éd. P. Sharratt, (Edinburgh: Edinburgh University Press, 1976), p. 168.

départ ; même s'il n'y a pas eu de guérisons, bien des escales ont été fort plaisantes et sereines. Et de leur côté, les *Essais* semblent mener à la fin à une plénitude spirituelle et voluptueuse, mais comment expliquer alors après 1588 le retour au corpus ? Tâche de cisèlement et de perfectionnement ou expérience continue, nécessité de voyage ? Allongeails n'ajoutant guère au sens, ou re-création d'escales ? Or, fait paradoxal ou causal, la santé s'aggrave au cours du voyage dans le *Journal*, et dans les *Essais* le retour au texte, autre circularité, paraît attester tout du moins un certain manque de sérénité. A cet égard, il faut noter que le *Journal* est ponctué de plusieurs références à des maux de tête qui eux aussi vont empirant comme les coliques rénales. La première allusion se situe à Bologne après que Montaigne a assisté à un spectacle de comédiens (183-84), réaction singulière pour lui qui aime tant le théâtre et pour qui le théâtre est la scène (les *Essais*) où il aime se montrer aux autres (cf. la fin "De l'institution des enfants"). La suivante, autre convergence singulière, se manifeste lors de son passage dans les parages de la maison paternelle de Pétrarque, déjà inexistante à l'époque, où "On semoit là lors des melons parmi les autres qui y etoint deja semés, et les esperoit-on recueillir en Aoust. Cette matinée j'eus une pesantur de teste et trouble de veue come de mes antienes, que je n'avois santi il y avoit dix ans" (307). Profondeur temporelle à la fois vide et dense causant angoisse ? C'est aussi aux bains de Lucques, lieu préferé, que reviennent des maux de tête accompagnés de pleurs (364-66, 423-32) et de même à Florence "la bella" (386-87). Ces migraines qu'il n'avait pas eues depuis dix ans, depuis qu'il avait essentiellement décidé de quitter la vie publique pour se mettre à composer les essais, refont surface vers la fin du voyage, indice peut-être de son échec en tant qu'expérience thérapeutique et tentative de stabilisation intérieure. Car la maladie est tout autre, comme il l'indique dans les essais: "Je ne veux donc pas oublier encor cette cicatrice, bien mal propre à produire en public: c'est l'irresolution, defaut très-incommode à la negotiation des affaires du monde" (II: xvii, 637A). C'est d'ailleurs à ce manque d'assiette que nous devons les *Essais* et le *Journal* avec leur recherche du bien-être.

En effet, le *Journal* est densément parsemé de références aux spécialités gastronomiques et aux vins des endroits traversés et à la qualité et aux singularités des logements, du linge et des couverts. Ces préoccupations peuvent s'inscrire dans l'hédonisme ou l'épicurisme du voyageur comparatiste ou bien encore elles contribuent à une configuration anthropologique de l'espace parcouru, mais elles manifestent également une constante dans la diversité, car elles appartiennent à la recherche de la santé, à la satisfaction d'appétits sensuels, certes, et surtout aux éléments nécessaires pour le maintien d'un équilibre spirituel.

La curiosité, bien que valable, ne suffit plus à expliquer ces exigences et, en somme, ces obsessions ; il faut plutôt y voir des indices qui définissent le Moi et l'imprègnent d'une permanence. Ce sont des données immuables servant à contrecarrer l'aspect transitoire du voyage topographique et existentiel. Même jusqu'à la dernière page, Montaigne se penche sur ces détails que le *zoom* agrandit disproportionnellement afin de traduire une continuité inébranlable: "Chastein, cinq lieus, petit mechant village. Je beus là du vin nouveau et non purifié, à faute de vin vieux" (500). Or, si la fin des *Essais* abonde aussi de ce même genre de détails indiquant les goûts personnels de Montaigne, il ne s'agit pas uniquement d'un Moi plus intime, du rétrécissement de l'espace individuel, d'un repli sur soi, mais c'est avant tout sa façon de dire: j'ai changé et je n'ai pas changé ; tout comme dans le *Journal* il ne fait que répéter: à certains égards, je suis toujours le même — malgré le voyage et à cause de lui.

Montaigne a toujours été à la recherche de son assiette, raison de voyage également avant et après le *Journal*, c'est-à-dire tout au cours du trajet des essais. Bien que le mot *assiette* au sens de constance ou stabilité se rencontre essentiellement dans les deux premiers livres, Montaigne y revient à la strate C du texte dans les mêmes essais. En effet, la première mention figure dans une addition tardive qui précise et commente un état d'esprit stoïcien d'où l'auto-commentaire n'est certainement pas exclu : "Ainsin aux autres passions, pourveu que son opinion demeure sauve et entiere et que l'assiette de son discours n'en souffre atteinte ny alteration quelconque et qu'il ne preste nul consentement à son effroi et souffrance" (I: xii, 48C) ; nul doute que le vieil homme se regarde vivre et écrire et se maintient ferme en disloquant le temps, en effaçant la ligne de démarcation entre début et fin. Le dernier mot dans "Des destriers" faisant encore partie d'une addition tardive entend de nouveau préciser la signification de l'essai et réaffirme la volonté de Montaigne de "montrer la fermeté de son assiette" (I: xlviii, 284C)[1]. Certes, il n'y a guère d'écart entre le concept d'*assiette* chez Montaigne et la *virtù* si recherchée et prisée à la Renaissance. Dans le *Journal* la notion d'*assiette*, figurant au niveau topographique et visuel, acquiert de même une signification existentielle. Des dizaines de fois Montaigne remarque que villes et villages se trouvent bien *assis* ou dans une belle *assiette*[2] ; seul à très peu de reprises (trois précisément) emploie-t-il *planté* dans ce sens, telle Rome "d'à-cette-heure, toute plantée le long de la riviere du Tibre deça et dela" (206), peut-être pour traduire une certaine permanence (c'est le secrétaire qui rédige ici)[3]. Toujours est-il qu'on se demande si cet emploi fréquent et presque exclusif du mot *assiette* et de ses dérivés provient d'un lieu commun ou d'un défaut, une monotonie, ou d'une facilité d'écriture, ou plutôt d'une autre manifestation, subconsciente mais graphique, de la recherche d'une constance, stabilité, permanence. La répétition obsessive de cette famille de mots dans l'acception de situer, attacher, enjamber ou chevaucher fait penser à la seconde hypothèse : "C'est un petit village clos de murailles, et fortifié pour l'incursion des Turcs, assis sur un plan un peu relevé, regardant une tres-bele pleine... c'est enfin une tres-bele assiette" (285). Chaque lieu rencontré et toujours bien assis cède à un autre également bien assis si bien que le voyage finit par annuler la possibilité d'une assiette durable et ne devient qu'une succession d'assiettes, échec et à la fois raison de voyage, et c'est par là que le *Journal*, suite de lieux, et les *Essais*, série d'expériences, se rejoignent.

En somme, Montaigne a-t-il trouvé son assiette ? Même si la sérénité se réalise, il s'ensuit une solitude à laquelle il faut remédier par un retour à l'extérieur, donc la nécessité de communiquer. Au cours de

---

[1]   Voir aussi I: xviii, 74; I: xliv, 262; II: xi, 404; I: xlviii, 278; II: vi, 356; II: xxxvii, 741.

[2]   Voir entre autres, pp. 53, 59, 66, 79, 82, 102, 116, 131, 156, 166, 187, 211, 278, 280, 284, 294, 298, 303.

[3]   Pour les deux autres exemples, voir pp. 293 et 495.

son voyage, Montaigne s'italianise culturellement et linguistiquement, tout du moins en surface ; après son premier séjour à Lucques, on cesse même de noter des références à *assiette* le long de ses pérégrinations (il n'y en a qu'une tout à fait à la fin, p. 499, et la précédente était à la p. 313). Ce manque apparent est bien décevant, tout comme il l'est dans les *Essais* après les deux premiers livres, car Montaigne fait vite entrevoir le contraire: "Et mutando sempre paese non mi mancava materia di che pascere la mia curiosità. Fra questo godeva un animo quieto secondo che comportano le mie infermità, e la vechiaia ; offerendosi pochissime occasioni per turbarlo di fuora. Sentiva un solo difetto di compagnia che mi fusse grata, essendo sforzato di gustare questi beni solo, e senza communicazione" (416). Le mal persiste et seule l'écriture comble le vide ; cette consubstantialité de l'homme et l'oeuvre propre aux *Essais* se retrouve donc également dans le *Journal*.

La disponibilité de Montaigne voyageur reste critique et auto-critique. Sa curiosité et ses activités ne se calquent pas toujours sur son être le plus profond. Les divers buts thérapeutiques de son voyage, soient-ils physiologiques, épistémologiques ou ontologiques, ne l'entraînent guère dans l'assimilation intégrale de ce qu'il observe ou éprouve. En fait, l'écart entre l'observé et l'observateur nourrit la conscience du voyageur dont la véritable assiette se situe précisément dans cet espace, cette distance d'où se dégage souvent un sourire ; sinon il n'y a pas d'autre assiette — sauf le registre établi des étapes. Au départ le voyageur recherche autrui pour ne retrouver à la fin, tel quel, qu'un autre (même) moi, seulement embelli sur quelques points. Mais la réalisation de cette suffisance prescrit et fait valoir le trajet.

INDEX

TABLE DES MATIERES

Achevé d'imprimer en 1992
à Genève, Suisse

230 -

c